会 计 凭 证

单位名称							
凭证类别	□ 收款凭证 □ 付款凭证 □ 转账凭证 □ 通用凭证						
起止日期	自 年 月 日至 年 月 日						
凭证册数	本月共 册 本册是第 册						
凭证号数	本册共 号 本册自第 号至第 号						
附 注							
全宗号		目录号		案卷号		保管号	

财务主管　　会计　　装订人　　保管年限　　年

会 计 凭 证

单位名称							
凭证类别	□ 收款凭证 □ 付款凭证 □ 转账凭证 □ 通用凭证						
起止日期	自 年 月 日至 年 月 日						
凭证册数	本月共 册 本册是第 册						
凭证号数	本册共 号 本册自第 号至第 号						
附 注							
全宗号		目录号		案卷号		保管号	

财务主管　　会计　　装订人　　保管年限　　年

U0961394

会 计 凭 证

单位名称							
凭证类别	□ 收款凭证 □ 付款凭证 □ 转账凭证 □ 通用凭证						
起止日期	自 年 月 日至 年 月 日						
凭证册数	本月共 册 本册是第 册						
凭证号数	本册共 号 本册自第 号至第 号						
附 注							
全宗号		目录号		案卷号		保管号	

财务主管　　会计　　装订人　　保管年限　　年

会 计 凭 证

单位名称							
凭证类别	□ 收款凭证 □ 付款凭证 □ 转账凭证 □ 通用凭证						
起止日期	自 年 月 日至 年 月 日						
凭证册数	本月共 册 本册是第 册						
凭证号数	本册共 号 本册自第 号至第 号						
附 注							
全宗号		目录号		案卷号		保管号	

财务主管　　会计　　装订人　　保管年限　　年

记 账 凭 证

教学专用

年　　月　　日　　　　　　　　记字第　　　　号

摘要	总账科目	明细科目	记账	借方金额										记账	贷方金额									
			✓	千	百	十	万	千	百	十	元	角	分	✓	千	百	十	万	千	百	十	元	角	分
合　计																								

附单据　　张

财务主管　　　　记账　　　　出纳　　　　审核　　　　制单

记 账 凭 证

教学专用

年　　月　　日　　　　　　　　记字第　　　　号

摘要	总账科目	明细科目	记账	借方金额										记账	贷方金额									
			✓	千	百	十	万	千	百	十	元	角	分	✓	千	百	十	万	千	百	十	元	角	分
合　计																								

附单据　　张

财务主管　　　　记账　　　　出纳　　　　审核　　　　制单

教学专用

记账凭证

年　　月　　日　　　　　　　　　　记字第　　　　号

摘要	总账科目	明细科目	记账	借方金额										记账	贷方金额									
			✓	千	百	十	万	千	百	十	元	角	分	✓	千	百	十	万	千	百	十	元	角	分
合　计																								

附单据　　张

财务主管　　　　记账　　　　出纳　　　　审核　　　　制单

教学专用

记账凭证

年　　月　　日　　　　　　　　　　记字第　　　　号

摘要	总账科目	明细科目	记账	借方金额										记账	贷方金额									
			✓	千	百	十	万	千	百	十	元	角	分	✓	千	百	十	万	千	百	十	元	角	分
合　计																								

附单据　　张

财务主管　　　　记账　　　　出纳　　　　审核　　　　制单

记 账 凭 证

教学专用

年　　月　　日　　　　　　　　记字第　　　　号

摘要	总账科目	明细科目	记账	借方金额										记账	贷方金额									
			✓	千	百	十	万	千	百	十	元	角	分	✓	千	百	十	万	千	百	十	元	角	分
合　　计																								

附单据　　张

财务主管　　　　记账　　　　出纳　　　　审核　　　　制单

记 账 凭 证

教学专用

年　　月　　日　　　　　　　　记字第　　　　号

摘要	总账科目	明细科目	记账	借方金额										记账	贷方金额									
			✓	千	百	十	万	千	百	十	元	角	分	✓	千	百	十	万	千	百	十	元	角	分
合　　计																								

附单据　　张

财务主管　　　　记账　　　　出纳　　　　审核　　　　制单

教学专用

记账凭证

年　　月　　日　　　　　　　　　　记字第　　　　号

摘要	总账科目	明细科目	记账	借方金额										记账	贷方金额									
			✓	千	百	十	万	千	百	十	元	角	分	✓	千	百	十	万	千	百	十	元	角	分
合　　计																								

附单据　　张

财务主管　　　　记账　　　　出纳　　　　审核　　　　制单

教学专用

记账凭证

年　　月　　日　　　　　　　　　　记字第　　　　号

摘要	总账科目	明细科目	记账	借方金额										记账	贷方金额									
			✓	千	百	十	万	千	百	十	元	角	分	✓	千	百	十	万	千	百	十	元	角	分
合　　计																								

附单据　　张

财务主管　　　　记账　　　　出纳　　　　审核　　　　制单

记账凭证

教学专用

年　月　日　　　　记字第　　号

摘要	总账科目	明细科目	记账	借方金额										记账	贷方金额									
			√	千	百	十	万	千	百	十	元	角	分	√	千	百	十	万	千	百	十	元	角	分
合　计																								

附单据　　张

财务主管　　记账　　出纳　　审核　　制单

记账凭证

教学专用

年　月　日　　　　记字第　　号

摘要	总账科目	明细科目	记账	借方金额										记账	贷方金额									
			√	千	百	十	万	千	百	十	元	角	分	√	千	百	十	万	千	百	十	元	角	分
合　计																								

附单据　　张

财务主管　　记账　　出纳　　审核　　制单

记 账 凭 证

教学专用

年　月　日　　　　记字第　　号

摘要	总账科目	明细科目	记账	借方金额										记账	贷方金额									
			✓	千	百	十	万	千	百	十	元	角	分	✓	千	百	十	万	千	百	十	元	角	分
合　计																								

附单据　　张

财务主管　　记账　　出纳　　审核　　制单

记 账 凭 证

教学专用

年　月　日　　　　记字第　　号

摘要	总账科目	明细科目	记账	借方金额										记账	贷方金额									
			✓	千	百	十	万	千	百	十	元	角	分	✓	千	百	十	万	千	百	十	元	角	分
合　计																								

附单据　　张

财务主管　　记账　　出纳　　审核　　制单

记账凭证

教学专用

年　　月　　日　　　　　　　　记字第　　　　号

摘要	总账科目	明细科目	记账	借方金额										记账	贷方金额									
			✓	千	百	十	万	千	百	十	元	角	分	✓	千	百	十	万	千	百	十	元	角	分
合　计																								

附单据　　张

财务主管　　　　记账　　　　出纳　　　　审核　　　　制单

记账凭证

教学专用

年　　月　　日　　　　　　　　记字第　　　　号

摘要	总账科目	明细科目	记账	借方金额										记账	贷方金额									
			✓	千	百	十	万	千	百	十	元	角	分	✓	千	百	十	万	千	百	十	元	角	分
合　计																								

附单据　　张

财务主管　　　　记账　　　　出纳　　　　审核　　　　制单

教学专用

记 账 凭 证

年　　月　　日　　　　　　　　　　记字第　　　　号

摘要	总账科目	明细科目	记账	借方金额										记账	贷方金额									
			√	千	百	十	万	千	百	十	元	角	分	√	千	百	十	万	千	百	十	元	角	分
合　计																								

附单据　　张

财务主管　　　　记账　　　　出纳　　　　审核　　　　制单

教学专用

记 账 凭 证

年　　月　　日　　　　　　　　　　记字第　　　　号

摘要	总账科目	明细科目	记账	借方金额										记账	贷方金额									
			√	千	百	十	万	千	百	十	元	角	分	√	千	百	十	万	千	百	十	元	角	分
合　计																								

附单据　　张

财务主管　　　　记账　　　　出纳　　　　审核　　　　制单

教学专用

记账凭证

年　　月　　日　　　　　　　　　　记字第　　　　号

摘要	总账科目	明细科目	记账	借方金额										记账	贷方金额									
			√	千	百	十	万	千	百	十	元	角	分	√	千	百	十	万	千	百	十	元	角	分
合　计																								

附单据　　张

财务主管　　　　记账　　　　出纳　　　　审核　　　　制单

教学专用

记账凭证

年　　月　　日　　　　　　　　　　记字第　　　　号

摘要	总账科目	明细科目	记账	借方金额										记账	贷方金额									
			√	千	百	十	万	千	百	十	元	角	分	√	千	百	十	万	千	百	十	元	角	分
合　计																								

附单据　　张

财务主管　　　　记账　　　　出纳　　　　审核　　　　制单

教学专用

记 账 凭 证

年　月　日　　　　　　　　　　　　记字第　　　号

摘要	总账科目	明细科目	记账	借方金额										记账	贷方金额									
			√	千	百	十	万	千	百	十	元	角	分	√	千	百	十	万	千	百	十	元	角	分
合　计																								

附单据　　张

财务主管　　　记账　　　出纳　　　审核　　　制单

教学专用

记 账 凭 证

年　月　日　　　　　　　　　　　　记字第　　　号

摘要	总账科目	明细科目	记账	借方金额										记账	贷方金额									
			√	千	百	十	万	千	百	十	元	角	分	√	千	百	十	万	千	百	十	元	角	分
合　计																								

附单据　　张

财务主管　　　记账　　　出纳　　　审核　　　制单

教学专用

记账凭证

年　　月　　日　　　　　　记字第　　　号

摘要	总账科目	明细科目	记账	借方金额										记账	贷方金额									
			✓	千	百	十	万	千	百	十	元	角	分	✓	千	百	十	万	千	百	十	元	角	分
合　计																								

附单据　　张

财务主管　　　记账　　　出纳　　　审核　　　制单

教学专用

记账凭证

年　　月　　日　　　　　　记字第　　　号

摘要	总账科目	明细科目	记账	借方金额										记账	贷方金额									
			✓	千	百	十	万	千	百	十	元	角	分	✓	千	百	十	万	千	百	十	元	角	分
合　计																								

附单据　　张

财务主管　　　记账　　　出纳　　　审核　　　制单

教学专用

记 账 凭 证

年 月 日　　　　记字第　　号

摘要	总账科目	明细科目	记账	借方金额										记账	贷方金额								
			√	千	百	十	万	千	百	十	元	角	分	√	千	百	十	万	千	百	十	元	角	分
合　计																								

附单据　　张

财务主管　　记账　　出纳　　审核　　制单

教学专用

记 账 凭 证

年 月 日　　　　记字第　　号

摘要	总账科目	明细科目	记账	借方金额										记账	贷方金额								
			√	千	百	十	万	千	百	十	元	角	分	√	千	百	十	万	千	百	十	元	角	分
合　计																								

附单据　　张

财务主管　　记账　　出纳　　审核　　制单

记 账 凭 证

教学专用

年 月 日　　　　记字第　　号

摘要	总账科目	明细科目	记账	借方金额										记账	贷方金额									
			✓	千	百	十	万	千	百	十	元	角	分	✓	千	百	十	万	千	百	十	元	角	分
合　计																								

附单据　　张

财务主管　　记账　　出纳　　审核　　制单

记 账 凭 证

教学专用

年 月 日　　　　记字第　　号

摘要	总账科目	明细科目	记账	借方金额										记账	贷方金额									
			✓	千	百	十	万	千	百	十	元	角	分	✓	千	百	十	万	千	百	十	元	角	分
合　计																								

附单据　　张

财务主管　　记账　　出纳　　审核　　制单

记账凭证

教学专用

年　月　日　　　　记字第　　号

摘要	总账科目	明细科目	记账	借方金额										记账	贷方金额									
			√	千	百	十	万	千	百	十	元	角	分	√	千	百	十	万	千	百	十	元	角	分
合计																								

附单据　　张

财务主管　　记账　　出纳　　审核　　制单

记账凭证

教学专用

年　月　日　　　　记字第　　号

摘要	总账科目	明细科目	记账	借方金额										记账	贷方金额									
			√	千	百	十	万	千	百	十	元	角	分	√	千	百	十	万	千	百	十	元	角	分
合计																								

附单据　　张

财务主管　　记账　　出纳　　审核　　制单

记账凭证

教学专用

年　月　日　　　　记字第　　号

摘要	总账科目	明细科目	记账	借方金额										记账	贷方金额									
			✓	千	百	十	万	千	百	十	元	角	分	✓	千	百	十	万	千	百	十	元	角	分
合　计																								

附单据　　张

财务主管　　　记账　　　出纳　　　审核　　　制单

记账凭证

教学专用

年　月　日　　　　记字第　　号

摘要	总账科目	明细科目	记账	借方金额										记账	贷方金额									
			✓	千	百	十	万	千	百	十	元	角	分	✓	千	百	十	万	千	百	十	元	角	分
合　计																								

附单据　　张

财务主管　　　记账　　　出纳　　　审核　　　制单

记账凭证

教学专用

年　月　日　　　　记字第　　号

摘要	总账科目	明细科目	记账	借方金额										记账	贷方金额									
			✓	千	百	十	万	千	百	十	元	角	分	✓	千	百	十	万	千	百	十	元	角	分
合　计																								

附单据　　张

财务主管　　记账　　出纳　　审核　　制单

记账凭证

教学专用

年　月　日　　　　记字第　　号

摘要	总账科目	明细科目	记账	借方金额										记账	贷方金额									
			✓	千	百	十	万	千	百	十	元	角	分	✓	千	百	十	万	千	百	十	元	角	分
合　计																								

附单据　　张

财务主管　　记账　　出纳　　审核　　制单

记 账 凭 证

教学专用

年　　月　　日　　　　　　　　　　　　记字第　　　　号

摘要	总账科目	明细科目	记账	借方金额										记账	贷方金额								
			✓	千	百	十	万	千	百	十	元	角	分	✓	千	百	十	万	千	百	十	元	角	分
合　计																								

附单据　　张

财务主管　　　　记账　　　　出纳　　　　审核　　　　制单

记 账 凭 证

教学专用

年　　月　　日　　　　　　　　　　　　记字第　　　　号

摘要	总账科目	明细科目	记账	借方金额										记账	贷方金额								
			✓	千	百	十	万	千	百	十	元	角	分	✓	千	百	十	万	千	百	十	元	角	分
合　计																								

附单据　　张

财务主管　　　　记账　　　　出纳　　　　审核　　　　制单

教学专用

记账凭证

年　月　日　　　　　　　　　　记字第　　　号

摘要	总账科目	明细科目	记账	借方金额										记账	贷方金额									
			✓	千	百	十	万	千	百	十	元	角	分	✓	千	百	十	万	千	百	十	元	角	分
合　计																								

附单据　　张

财务主管　　　　记账　　　　出纳　　　　审核　　　　制单

教学专用

记账凭证

年　月　日　　　　　　　　　　记字第　　　号

摘要	总账科目	明细科目	记账	借方金额										记账	贷方金额									
			✓	千	百	十	万	千	百	十	元	角	分	✓	千	百	十	万	千	百	十	元	角	分
合　计																								

附单据　　张

财务主管　　　　记账　　　　出纳　　　　审核　　　　制单

教学专用

记 账 凭 证

年 月 日 记字第 号

摘要	总账科目	明细科目	记账	借方金额										记账	贷方金额									
			✓	千	百	十	万	千	百	十	元	角	分	✓	千	百	十	万	千	百	十	元	角	分
合 计																								

附单据 张

财务主管 记账 出纳 审核 制单

教学专用

记 账 凭 证

年 月 日 记字第 号

摘要	总账科目	明细科目	记账	借方金额										记账	贷方金额									
			✓	千	百	十	万	千	百	十	元	角	分	✓	千	百	十	万	千	百	十	元	角	分
合 计																								

附单据 张

财务主管 记账 出纳 审核 制单

教学专用

记账凭证

年 月 日 记字第 号

摘要	总账科目	明细科目	记账	借方金额										记账	贷方金额								
			√	千	百	十	万	千	百	十	元	角	分	√	千	百	十	万	千	百	十	元	角	分
合计																								

附单据 张

财务主管 记账 出纳 审核 制单

教学专用

记账凭证

年 月 日 记字第 号

摘要	总账科目	明细科目	记账	借方金额										记账	贷方金额								
			√	千	百	十	万	千	百	十	元	角	分	√	千	百	十	万	千	百	十	元	角	分
合计																								

附单据 张

财务主管 记账 出纳 审核 制单

教学专用

记账凭证

年　月　日　　　　　　　　记字第　　号

摘要	总账科目	明细科目	记账	借方金额										记账	贷方金额								
			√	千	百	十	万	千	百	十	元	角	分	√	千	百	十	万	千	百	十	元	角	分
合　计																								

附单据　　张

财务主管　　　　记账　　　　出纳　　　　审核　　　　制单

教学专用

记账凭证

年　月　日　　　　　　　　记字第　　号

摘要	总账科目	明细科目	记账	借方金额										记账	贷方金额								
			√	千	百	十	万	千	百	十	元	角	分	√	千	百	十	万	千	百	十	元	角	分
合　计																								

附单据　　张

财务主管　　　　记账　　　　出纳　　　　审核　　　　制单

记账凭证

教学专用

年　　月　　日　　　　记字第　　　号

摘要	总账科目	明细科目	记账	借方金额										记账	贷方金额									
			✓	千	百	十	万	千	百	十	元	角	分	✓	千	百	十	万	千	百	十	元	角	分
合　计																								

附单据　　张

财务主管　　记账　　出纳　　审核　　制单

记账凭证

教学专用

年　　月　　日　　　　记字第　　　号

摘要	总账科目	明细科目	记账	借方金额										记账	贷方金额									
			✓	千	百	十	万	千	百	十	元	角	分	✓	千	百	十	万	千	百	十	元	角	分
合　计																								

附单据　　张

财务主管　　记账　　出纳　　审核　　制单

记账凭证

教学专用

年　　月　　日　　　　　　　　记字第　　　号

摘要	总账科目	明细科目	记账	借方金额										记账	贷方金额									
			✓	千	百	十	万	千	百	十	元	角	分	✓	千	百	十	万	千	百	十	元	角	分
合　计																								

附单据　　张

财务主管　　　　记账　　　　出纳　　　　审核　　　　制单

记账凭证

教学专用

年　　月　　日　　　　　　　　记字第　　　号

摘要	总账科目	明细科目	记账	借方金额										记账	贷方金额									
			✓	千	百	十	万	千	百	十	元	角	分	✓	千	百	十	万	千	百	十	元	角	分
合　计																								

附单据　　张

财务主管　　　　记账　　　　出纳　　　　审核　　　　制单

记 账 凭 证

教学专用

年 月 日　　　　记字第　　号

摘要	总账科目	明细科目	记账	借方金额										记账	贷方金额									
			✓	千	百	十	万	千	百	十	元	角	分	✓	千	百	十	万	千	百	十	元	角	分
合　计																								

附单据　　张

财务主管　　记账　　出纳　　审核　　制单

记 账 凭 证

教学专用

年 月 日　　　　记字第　　号

摘要	总账科目	明细科目	记账	借方金额										记账	贷方金额									
			✓	千	百	十	万	千	百	十	元	角	分	✓	千	百	十	万	千	百	十	元	角	分
合　计																								

附单据　　张

财务主管　　记账　　出纳　　审核　　制单

教学专用

记账凭证

年　月　日　　　　记字第　　号

摘要	总账科目	明细科目	记账	借方金额										记账	贷方金额									
			✓	千	百	十	万	千	百	十	元	角	分	✓	千	百	十	万	千	百	十	元	角	分
合　计																								

附单据　　张

财务主管　　记账　　出纳　　审核　　制单

教学专用

记账凭证

年　月　日　　　　记字第　　号

摘要	总账科目	明细科目	记账	借方金额										记账	贷方金额									
			✓	千	百	十	万	千	百	十	元	角	分	✓	千	百	十	万	千	百	十	元	角	分
合　计																								

附单据　　张

财务主管　　记账　　出纳　　审核　　制单

记 账 凭 证

教学专用

年　　月　　日　　　　　　　　记字第　　　　号

摘要	总账科目	明细科目	记账	借方金额										记账	贷方金额								
			✓	千	百	十	万	千	百	十	元	角	分	✓	千	百	十	万	千	百	十	元	角	分
合　计																								

附单据　　张

财务主管　　　　记账　　　　出纳　　　　审核　　　　制单

记 账 凭 证

教学专用

年　　月　　日　　　　　　　　记字第　　　　号

摘要	总账科目	明细科目	记账	借方金额										记账	贷方金额								
			✓	千	百	十	万	千	百	十	元	角	分	✓	千	百	十	万	千	百	十	元	角	分
合　计																								

附单据　　张

财务主管　　　　记账　　　　出纳　　　　审核　　　　制单

记 账 凭 证

教学专用

年　　月　　日　　　　　　　　　　记字第　　　　号

摘要	总账科目	明细科目	记账	借方金额										记账	贷方金额									
			✓	千	百	十	万	千	百	十	元	角	分	✓	千	百	十	万	千	百	十	元	角	分
合　计																								

附单据　　张

财务主管　　　　记账　　　　出纳　　　　审核　　　　制单

记 账 凭 证

教学专用

年　　月　　日　　　　　　　　　　记字第　　　　号

摘要	总账科目	明细科目	记账	借方金额										记账	贷方金额									
			✓	千	百	十	万	千	百	十	元	角	分	✓	千	百	十	万	千	百	十	元	角	分
合　计																								

附单据　　张

财务主管　　　　记账　　　　出纳　　　　审核　　　　制单

教学专用

记 账 凭 证

年　　月　　日　　　　　　　　　　记字第　　　　号

摘要	总账科目	明细科目	记账	借方金额										记账	贷方金额									
			✓	千	百	十	万	千	百	十	元	角	分	✓	千	百	十	万	千	百	十	元	角	分
合　计																								

附单据　　张

财务主管　　　　记账　　　　出纳　　　　审核　　　　制单

教学专用

记 账 凭 证

年　　月　　日　　　　　　　　　　记字第　　　　号

摘要	总账科目	明细科目	记账	借方金额										记账	贷方金额									
			✓	千	百	十	万	千	百	十	元	角	分	✓	千	百	十	万	千	百	十	元	角	分
合　计																								

附单据　　张

财务主管　　　　记账　　　　出纳　　　　审核　　　　制单

记账凭证

教学专用

年　　月　　日　　　　　　　　记字第　　　　号

摘要	总账科目	明细科目	记账	借方金额										记账	贷方金额								
			✓	千	百	十	万	千	百	十	元	角	分	✓	千	百	十	万	千	百	十	元	角	分
合　计																								

附单据　　张

财务主管　　　　记账　　　　出纳　　　　审核　　　　制单

记账凭证

教学专用

年　　月　　日　　　　　　　　记字第　　　　号

摘要	总账科目	明细科目	记账	借方金额										记账	贷方金额								
			✓	千	百	十	万	千	百	十	元	角	分	✓	千	百	十	万	千	百	十	元	角	分
合　计																								

附单据　　张

财务主管　　　　记账　　　　出纳　　　　审核　　　　制单

记 账 凭 证

教学专用

年　　月　　日　　　　　　　　记字第　　　　号

摘要	总账科目	明细科目	记账	借方金额										记账	贷方金额									
			✓	千	百	十	万	千	百	十	元	角	分	✓	千	百	十	万	千	百	十	元	角	分
合　计																								

附单据　　张

财务主管　　　　记账　　　　出纳　　　　审核　　　　制单

记 账 凭 证

教学专用

年　　月　　日　　　　　　　　记字第　　　　号

摘要	总账科目	明细科目	记账	借方金额										记账	贷方金额									
			✓	千	百	十	万	千	百	十	元	角	分	✓	千	百	十	万	千	百	十	元	角	分
合　计																								

附单据　　张

财务主管　　　　记账　　　　出纳　　　　审核　　　　制单

试 算 平 衡 表

编制单位：　　　　　　　　年　　月　　日　　　　　　　　单位：

账户名称	期初余额		本期发生额		期末余额	
	借方	贷方	借方	贷方	借方	贷方
合计						

试 算 平 衡 表

编制单位：　　　　　　　　　　　　年　　月　　日　　　　　　　　　　　　单位：

账户名称	期初余额		本期发生额		期末余额	
	借方	贷方	借方	贷方	借方	贷方
合计						

试算平衡表

编制单位：　　　　　　　　　　　　年　　月　　日　　　　　　　　　　　　单位：

账户名称	期初余额		本期发生额		期末余额	
	借方	贷方	借方	贷方	借方	贷方
合计						

试算平衡表

编制单位：　　　　　　　　　　　　　年　　月　　日　　　　　　　　　　　　　单位：

账户名称	期初余额		本期发生额		期末余额	
	借方	贷方	借方	贷方	借方	贷方
合计						

教学专用

总分类账

科目名称＿＿＿＿＿＿

年		凭证		摘要	借方									贷方									借或贷	余额								
月	日	种类	号数		百	十	万	千	百	十	元	角	分	百	十	万	千	百	十	元	角	分		百	十	万	千	百	十	元	角	分

教学专用

总分类账

科目名称______________

年		凭证		摘要	借方									贷方									借或贷	余额								
月	日	种类	号数		百	十	万	千	百	十	元	角	分	百	十	万	千	百	十	元	角	分		百	十	万	千	百	十	元	角	分

教学专用

总分类账

科目名称＿＿＿＿＿＿

年		凭证		摘要	借方									贷方									借或贷	余额								
月	日	种类	号数		百	十	万	千	百	十	元	角	分	百	十	万	千	百	十	元	角	分		百	十	万	千	百	十	元	角	分

教学专用

总分类账

科目名称＿＿＿＿＿＿＿＿

年		凭证		摘要	借方									贷方									借或贷	余额								
月	日	种类	号数		百	十	万	千	百	十	元	角	分	百	十	万	千	百	十	元	角	分		百	十	万	千	百	十	元	角	分

教学专用

总分类账

科目名称________________

年		凭证		摘要	借方									贷方									借或贷	余额								
月	日	种类	号数		百	十	万	千	百	十	元	角	分	百	十	万	千	百	十	元	角	分		百	十	万	千	百	十	元	角	分

教学专用

总分类账

科目名称________________

年		凭证		摘要	借方									贷方									借或贷	余额								
月	日	种类	号数		百	十	万	千	百	十	元	角	分	百	十	万	千	百	十	元	角	分		百	十	万	千	百	十	元	角	分

教学专用

总分类账

科目名称______________

年		凭证		摘要	借方									贷方									借或贷	余额								
月	日	种类	号数		百	十	万	千	百	十	元	角	分	百	十	万	千	百	十	元	角	分		百	十	万	千	百	十	元	角	分

教学专用

总分类账

科目名称________

年		凭证		摘要	借方									贷方									借或贷	余额								
月	日	种类	号数		百	十	万	千	百	十	元	角	分	百	十	万	千	百	十	元	角	分		百	十	万	千	百	十	元	角	分

教学专用

总分类账

科目名称＿＿＿＿＿＿＿＿

年		凭证		摘要	借方									贷方									借或贷	余额								
月	日	种类	号数		百	十	万	千	百	十	元	角	分	百	十	万	千	百	十	元	角	分		百	十	万	千	百	十	元	角	分

总分类账

科目名称＿＿＿＿＿＿

年		凭证		摘要	借方									贷方									借或贷	余额								
月	日	种类	号数		百	十	万	千	百	十	元	角	分	百	十	万	千	百	十	元	角	分		百	十	万	千	百	十	元	角	分

教学专用

总分类账

科目名称________________

年		凭证		摘要	借方									贷方									借或贷	余额								
月	日	种类	号数		百	十	万	千	百	十	元	角	分	百	十	万	千	百	十	元	角	分		百	十	万	千	百	十	元	角	分

教学专用

总分类账

科目名称＿＿＿＿＿＿

年		凭证		摘要	借方									贷方									借或贷	余额								
月	日	种类	号数		百	十	万	千	百	十	元	角	分	百	十	万	千	百	十	元	角	分		百	十	万	千	百	十	元	角	分

教学专用

总分类账

科目名称＿＿＿＿＿＿＿＿

年		凭证		摘要	借方									贷方									借或贷	余额								
月	日	种类	号数		百	十	万	千	百	十	元	角	分	百	十	万	千	百	十	元	角	分		百	十	万	千	百	十	元	角	分

教学专用

总分类账

科目名称________________

年		凭证		摘要	借方									贷方									借或贷	余额								
月	日	种类	号数		百	十	万	千	百	十	元	角	分	百	十	万	千	百	十	元	角	分		百	十	万	千	百	十	元	角	分

教学专用

总分类账

科目名称＿＿＿＿＿＿＿＿

年		凭证		摘要	借方									贷方									借或贷	余额								
月	日	种类	号数		百	十	万	千	百	十	元	角	分	百	十	万	千	百	十	元	角	分		百	十	万	千	百	十	元	角	分

教学专用

总分类账

科目名称________________

年		凭证		摘要	借方									贷方									借或贷	余额								
月	日	种类	号数		百	十	万	千	百	十	元	角	分	百	十	万	千	百	十	元	角	分		百	十	万	千	百	十	元	角	分

教学专用

总分类账

科目名称______________

年		凭证		摘要	借方									贷方									借或贷	余额								
月	日	种类	号数		百	十	万	千	百	十	元	角	分	百	十	万	千	百	十	元	角	分		百	十	万	千	百	十	元	角	分

教学专用

总分类账

科目名称＿＿＿＿＿＿

年		凭证		摘要	借方									贷方									借或贷	余额								
月	日	种类	号数		百	十	万	千	百	十	元	角	分	百	十	万	千	百	十	元	角	分		百	十	万	千	百	十	元	角	分

教学专用

总 分 类 账

科目名称________________

年		凭证		摘要	借方									贷方									借或贷	余额								
月	日	种类	号数		百	十	万	千	百	十	元	角	分	百	十	万	千	百	十	元	角	分		百	十	万	千	百	十	元	角	分

教学专用

总分类账

科目名称__________

年		凭证		摘要	借方									贷方									借或贷	余额								
月	日	种类	号数		百	十	万	千	百	十	元	角	分	百	十	万	千	百	十	元	角	分		百	十	万	千	百	十	元	角	分

教学专用

总分类账

科目名称________

年		凭证		摘要	借方									贷方									借或贷	余额								
月	日	种类	号数		百	十	万	千	百	十	元	角	分	百	十	万	千	百	十	元	角	分		百	十	万	千	百	十	元	角	分

教学专用

总分类账

科目名称 ____________

年		凭证		摘要	借方									贷方									借或贷	余额								
月	日	种类	号数		百	十	万	千	百	十	元	角	分	百	十	万	千	百	十	元	角	分		百	十	万	千	百	十	元	角	分

教学专用

总分类账

科目名称____________

年		凭证		摘要	借方									贷方									借或贷	余额								
月	日	种类	号数		百	十	万	千	百	十	元	角	分	百	十	万	千	百	十	元	角	分		百	十	万	千	百	十	元	角	分

教学专用

总分类账

科目名称＿＿＿＿＿＿＿＿

年		凭证		摘要	借方									贷方									借或贷	余额								
月	日	种类	号数		百	十	万	千	百	十	元	角	分	百	十	万	千	百	十	元	角	分		百	十	万	千	百	十	元	角	分

教学专用

总 分 类 账

科目名称________________

年		凭证		摘要	借方									贷方									借或贷	余额								
月	日	种类	号数		百	十	万	千	百	十	元	角	分	百	十	万	千	百	十	元	角	分		百	十	万	千	百	十	元	角	分

教学专用

总分类账

科目名称____________

年		凭证		摘要	借方									贷方									借或贷	余额								
月	日	种类	号数		百	十	万	千	百	十	元	角	分	百	十	万	千	百	十	元	角	分		百	十	万	千	百	十	元	角	分

教学专用

总分类账

科目名称＿＿＿＿＿＿＿＿

年		凭证		摘要	借方									贷方									借或贷	余额								
月	日	种类	号数		百	十	万	千	百	十	元	角	分	百	十	万	千	百	十	元	角	分		百	十	万	千	百	十	元	角	分

教学专用

总 分 类 账

科目名称________________

年		凭证		摘要	借方									贷方									借或贷	余额								
月	日	种类	号数		百	十	万	千	百	十	元	角	分	百	十	万	千	百	十	元	角	分		百	十	万	千	百	十	元	角	分

教学专用

总分类账

科目名称____________

年		凭证		摘要	借方									贷方									借或贷	余额								
月	日	种类	号数		百	十	万	千	百	十	元	角	分	百	十	万	千	百	十	元	角	分		百	十	万	千	百	十	元	角	分

教学专用

总分类账

科目名称________________

年		凭证		摘要	借方									贷方									借或贷	余额								
月	日	种类	号数		百	十	万	千	百	十	元	角	分	百	十	万	千	百	十	元	角	分		百	十	万	千	百	十	元	角	分

教学专用

总分类账

科目名称________________

年		凭证		摘要	借方									贷方									借或贷	余额								
月	日	种类	号数		百	十	万	千	百	十	元	角	分	百	十	万	千	百	十	元	角	分		百	十	万	千	百	十	元	角	分

教学专用

总分类账

科目名称______

年		凭证		摘要	借方									贷方									借或贷	余额								
月	日	种类	号数		百	十	万	千	百	十	元	角	分	百	十	万	千	百	十	元	角	分		百	十	万	千	百	十	元	角	分

教学专用

总分类账

科目名称____________

年		凭证		摘要	借方									贷方									借或贷	余额								
月	日	种类	号数		百	十	万	千	百	十	元	角	分	百	十	万	千	百	十	元	角	分		百	十	万	千	百	十	元	角	分

教学专用

总分类账

科目名称＿＿＿＿＿＿＿＿

年		凭证		摘要	借方									贷方									借或贷	余额								
月	日	种类	号数		百	十	万	千	百	十	元	角	分	百	十	万	千	百	十	元	角	分		百	十	万	千	百	十	元	角	分

教学专用

总分类账

科目名称＿＿＿＿＿＿

年		凭证		摘要	借方									贷方									借或贷	余额								
月	日	种类	号数		百	十	万	千	百	十	元	角	分	百	十	万	千	百	十	元	角	分		百	十	万	千	百	十	元	角	分

教学专用

总分类账

科目名称____________

年		凭证		摘要	借方									贷方									借或贷	余额								
月	日	种类	号数		百	十	万	千	百	十	元	角	分	百	十	万	千	百	十	元	角	分		百	十	万	千	百	十	元	角	分

教学专用

总分类账

科目名称________

年		凭证		摘要	借方									贷方									借或贷	余额								
月	日	种类	号数		百	十	万	千	百	十	元	角	分	百	十	万	千	百	十	元	角	分		百	十	万	千	百	十	元	角	分

教学专用

总分类账

科目名称________________

年		凭证		摘要	借方									贷方									借或贷	余额								
月	日	种类	号数		百	十	万	千	百	十	元	角	分	百	十	万	千	百	十	元	角	分		百	十	万	千	百	十	元	角	分

教学专用

总分类账

科目名称＿＿＿＿＿＿＿＿

年		凭证		摘要	借方									贷方									借或贷	余额								
月	日	种类	号数		百	十	万	千	百	十	元	角	分	百	十	万	千	百	十	元	角	分		百	十	万	千	百	十	元	角	分

教学专用

总分类账

科目名称＿＿＿＿＿＿＿＿

年		凭证		摘要	借方									贷方									借或贷	余额								
月	日	种类	号数		百	十	万	千	百	十	元	角	分	百	十	万	千	百	十	元	角	分		百	十	万	千	百	十	元	角	分

报表名称

亿千百十万千百十元角分 亿千百十万千百十元角分

教学专用

总分类账

科目名称________________

年		凭证		摘要	借方									贷方									借或贷	余额								
月	日	种类	号数		百	十	万	千	百	十	元	角	分	百	十	万	千	百	十	元	角	分		百	十	万	千	百	十	元	角	分

教学专用

总分类账

科目名称＿＿＿＿＿＿＿＿

年		凭证		摘要	借方									贷方									借或贷	余额								
月	日	种类	号数		百	十	万	千	百	十	元	角	分	百	十	万	千	百	十	元	角	分		百	十	万	千	百	十	元	角	分

总分类账

科目名称________________

年		凭证		摘要	借方									贷方									借或贷	余额								
月	日	种类	号数		百	十	万	千	百	十	元	角	分	百	十	万	千	百	十	元	角	分		百	十	万	千	百	十	元	角	分

教学专用

总分类账

科目名称＿＿＿＿＿＿＿＿

年		凭证		摘要	借方									贷方									借或贷	余额								
月	日	种类	号数		百	十	万	千	百	十	元	角	分	百	十	万	千	百	十	元	角	分		百	十	万	千	百	十	元	角	分

教学专用

总分类账

科目名称________________

年		凭证		摘要	借方									贷方									借或贷	余额								
月	日	种类	号数		百	十	万	千	百	十	元	角	分	百	十	万	千	百	十	元	角	分		百	十	万	千	百	十	元	角	分

教学专用

总 分 类 账

科目名称________________

年		凭证		摘要	借方									贷方									借或贷	余额								
月	日	种类	号数		百	十	万	千	百	十	元	角	分	百	十	万	千	百	十	元	角	分		百	十	万	千	百	十	元	角	分

教学专用

总分类账

科目名称________

年		凭证		摘要	借方									贷方									借或贷	余额								
月	日	种类	号数		百	十	万	千	百	十	元	角	分	百	十	万	千	百	十	元	角	分		百	十	万	千	百	十	元	角	分

教学专用

总分类账

科目名称______________

年		凭证		摘要	借方									贷方									借或贷	余额								
月	日	种类	号数		百	十	万	千	百	十	元	角	分	百	十	万	千	百	十	元	角	分		百	十	万	千	百	十	元	角	分

教学专用

总分类账

科目名称________________

年		凭证		摘要	借方									贷方									借或贷	余额								
月	日	种类	号数		百	十	万	千	百	十	元	角	分	百	十	万	千	百	十	元	角	分		百	十	万	千	百	十	元	角	分

教学专用

总分类账

科目名称________

年		凭证		摘要	借方									贷方									借或贷	余额								
月	日	种类	号数		百	十	万	千	百	十	元	角	分	百	十	万	千	百	十	元	角	分		百	十	万	千	百	十	元	角	分

教学专用

明细账

第____页

规　　格…………　编　　号…………　储备定额…………　类　　别…………　最高储存量…………

名　　称…………　计量单位…………　计划单位…………　存放地点…………　最低储存量…………

年		凭证		摘要	收入												发出												结存											
月	日	种类	号数		数量	单价	金额										数量	单价	金额										数量	单价	金额									
							千	百	十	万	千	百	十	元	角	分			千	百	十	万	千	百	十	元	角	分			千	百	十	万	千	百	十	元	角	分

教学专用

明细账

第____页

规　格 ………………　编　号 ………………　储备定额 ………………　类　别 ………………　最高储存量 ………………

名　称 ………………　计量单位 ………………　计划单位 ………………　存放地点 ………………　最低储存量 ………………

年		凭证		摘要	收入												发出												结存											
月	日	种类	号数		数量	单价	金额										数量	单价	金额										数量	单价	金额									
							千	百	十	万	千	百	十	元	角	分			千	百	十	万	千	百	十	元	角	分			千	百	十	万	千	百	十	元	角	分

教学专用

明细账

第____页

规　　格…………　编　　号…………　储备定额…………　类　　别…………　最高储存量…………

名　　称…………　计量单位…………　计划单位…………　存放地点…………　最低储存量…………

年		凭证		摘要	收入												发出												结存											
月	日	种类	号数		数量	单价	金额										数量	单价	金额										数量	单价	金额									
							千	百	十	万	千	百	十	元	角	分			千	百	十	万	千	百	十	元	角	分			千	百	十	万	千	百	十	元	角	分

教学专用

明细账

第____页

规　　格…………　编　　号…………　储备定额…………　类　　别…………　最高储存量…………

名　　称…………　计量单位…………　计划单位…………　存放地点…………　最低储存量…………

年		凭证		摘要	收入												发出												结存											
月	日	种类	号数		数量	单价	金额										数量	单价	金额										数量	单价	金额									
							千	百	十	万	千	百	十	元	角	分			千	百	十	万	千	百	十	元	角	分			千	百	十	万	千	百	十	元	角	分

明细账

第____页

规　　格______________　编　　号______________　储备定额______________　类　　别______________　最高储存量______________

名　　称______________　计量单位______________　计划单位______________　存放地点______________　最低储存量______________

年		凭证		摘要	收入												发出												结存											
月	日	种类	号数		数量	单价	金额										数量	单价	金额										数量	单价	金额									
							千	百	十	万	千	百	十	元	角	分			千	百	十	万	千	百	十	元	角	分			千	百	十	万	千	百	十	元	角	分

教学专用

明细账

第____页

规　　格 ....　编　　号 ....　储备定额 ....　类　　别 ....　最高储存量 ....

名　　称 ....　计量单位 ....　计划单位 ....　存放地点 ....　最低储存量 ....

年		凭证		摘要	收入												发出												结存											
月	日	种类	号数		数量	单价	金额										数量	单价	金额										数量	单价	金额									
							千	百	十	万	千	百	十	元	角	分			千	百	十	万	千	百	十	元	角	分			千	百	十	万	千	百	十	元	角	分

教学专用

明细账

第____页

规　格________________　编　号________________　储备定额________________　类　别________________　最高储存量________________

名　称________________　计量单位________________　计划单位________________　存放地点________________　最低储存量________________

年		凭证		摘要	收入												发出												结存											
月	日	种类	号数		数量	单价	金额										数量	单价	金额										数量	单价	金额									
							千	百	十	万	千	百	十	元	角	分			千	百	十	万	千	百	十	元	角	分			千	百	十	万	千	百	十	元	角	分

教学专用

明细账

第____页

规　　格__________ 编　　号__________ 储备定额__________ 类　　别__________ 最高储存量__________

名　　称__________ 计量单位__________ 计划单位__________ 存放地点__________ 最低储存量__________

年		凭证		摘要	收入												发出												结存											
					数量	单价	金额										数量	单价	金额										数量	单价	金额									
月	日	种类	号数				千	百	十	万	千	百	十	元	角	分			千	百	十	万	千	百	十	元	角	分			千	百	十	万	千	百	十	元	角	分

教学专用

明细账

第____页

规　　格 ....　编　　号 ....　储备定额 ....　类　　别 ....　最高储存量 ....

名　　称 ....　计量单位 ....　计划单位 ....　存放地点 ....　最低储存量 ....

年		凭证		摘要	收入												发出												结存											
月	日	种类	号数		数量	单价	金额										数量	单价	金额										数量	单价	金额									
							千	百	十	万	千	百	十	元	角	分			千	百	十	万	千	百	十	元	角	分			千	百	十	万	千	百	十	元	角	分

教学专用

明细账

第____页

规　　格…………　编　　号…………　储备定额…………　类　　别…………　最高储存量…………

名　　称…………　计量单位…………　计划单位…………　存放地点…………　最低储存量…………

年		凭证		摘要	收入												发出												结存											
					数量	单价	金额										数量	单价	金额										数量	单价	金额									
月	日	种类	号数				千	百	十	万	千	百	十	元	角	分			千	百	十	万	千	百	十	元	角	分			千	百	十	万	千	百	十	元	角	分

教学专用

明细账

第______页

二级科目或明细科目 ……………………………………

年		凭证		摘要	借方										贷方										借或贷	余额									
月	日	种类	号数		千	百	十	万	千	百	十	元	角	分	千	百	十	万	千	百	十	元	角	分		千	百	十	万	千	百	十	元	角	分

明细账

第______页

二级科目或明细科目 ……………………

年		凭证		摘要	借方										贷方										借或贷	余额									
月	日	种类	号数		千	百	十	万	千	百	十	元	角	分	千	百	十	万	千	百	十	元	角	分		千	百	十	万	千	百	十	元	角	分

教学专用

明细账

第＿＿页

二级科目或明细科目……………………

年		凭证		摘要	借方										贷方										借或贷	余额									
月	日	种类	号数		千	百	十	万	千	百	十	元	角	分	千	百	十	万	千	百	十	元	角	分		千	百	十	万	千	百	十	元	角	分

第______页

明细账

教学专用

二级科目或明细科目......................................

年		凭证		摘要	借方										贷方										借或贷	余额									
月	日	种类	号数		千	百	十	万	千	百	十	元	角	分	千	百	十	万	千	百	十	元	角	分		千	百	十	万	千	百	十	元	角	分

教学专用

明细账

第____页

二级科目或明细科目……………………

年		凭证		摘要	借方										贷方										借或贷	余额									
月	日	种类	号数		千	百	十	万	千	百	十	元	角	分	千	百	十	万	千	百	十	元	角	分		千	百	十	万	千	百	十	元	角	分

教学专用

第____页

明细账

二级科目或明细科目........................

年		凭证		摘要	借方										贷方										借或贷	余额									
月	日	种类	号数		千	百	十	万	千	百	十	元	角	分	千	百	十	万	千	百	十	元	角	分		千	百	十	万	千	百	十	元	角	分

教学专用

明细账

第______页

二级科目或明细科目........................

年		凭证		摘要	借方										贷方										借或贷	余额									
月	日	种类	号数		千	百	十	万	千	百	十	元	角	分	千	百	十	万	千	百	十	元	角	分		千	百	十	万	千	百	十	元	角	分

教学专用

明细账

第____页

二级科目或明细科目……………………………………

年		凭证		摘要	借方										贷方										借或贷	余额									
月	日	种类	号数		千	百	十	万	千	百	十	元	角	分	千	百	十	万	千	百	十	元	角	分		千	百	十	万	千	百	十	元	角	分

教学专用

明细账

第______页

二级科目或明细科目……………………

年		凭证		摘要	借方										贷方										借或贷	余额									
月	日	种类	号数		千	百	十	万	千	百	十	元	角	分	千	百	十	万	千	百	十	元	角	分		千	百	十	万	千	百	十	元	角	分

教学专用

明细账

第______页

二级科目或明细科目 ………………………………

年		凭证		摘要	借方										贷方										借或贷	余额									
月	日	种类	号数		千	百	十	万	千	百	十	元	角	分	千	百	十	万	千	百	十	元	角	分		千	百	十	万	千	百	十	元	角	分

教学专用

明细账

第______页

二级科目或明细科目……………………

年		凭证		摘要	借方										贷方										借或贷	余额									
月	日	种类	号数		千	百	十	万	千	百	十	元	角	分	千	百	十	万	千	百	十	元	角	分		千	百	十	万	千	百	十	元	角	分

教学专用

明细账

第______页

二级科目或明细科目..............................

年		凭证		摘要	借方										贷方										借或贷	余额									
月	日	种类	号数		千	百	十	万	千	百	十	元	角	分	千	百	十	万	千	百	十	元	角	分		千	百	十	万	千	百	十	元	角	分

教学专用

明细账

第____页

二级科目或明细科目……………………

年		凭证		摘要	借方										贷方										借或贷	余额									
月	日	种类	号数		千	百	十	万	千	百	十	元	角	分	千	百	十	万	千	百	十	元	角	分		千	百	十	万	千	百	十	元	角	分

教学专用

明细账

第______页

二级科目或明细科目 ....

年		凭证		摘要	借方										贷方										借或贷	余额									
月	日	种类	号数		千	百	十	万	千	百	十	元	角	分	千	百	十	万	千	百	十	元	角	分		千	百	十	万	千	百	十	元	角	分

教学专用

明细账

第______页

二级科目或明细科目 ……………………

年		凭证		摘要	借方										贷方										借或贷	余额									
月	日	种类	号数		千	百	十	万	千	百	十	元	角	分	千	百	十	万	千	百	十	元	角	分		千	百	十	万	千	百	十	元	角	分

教学专用

明细账

第______页

二级科目或明细科目……………………

年		凭证		摘要	借方										贷方										借或贷	余额									
月	日	种类	号数		千	百	十	万	千	百	十	元	角	分	千	百	十	万	千	百	十	元	角	分		千	百	十	万	千	百	十	元	角	分

教学专用

明细账

第______页

二级科目或明细科目 ……………………

年		凭证		摘要	借方										贷方										借或贷	余额									
月	日	种类	号数		千	百	十	万	千	百	十	元	角	分	千	百	十	万	千	百	十	元	角	分		千	百	十	万	千	百	十	元	角	分

第______页

二级科目或明细科目 ....

明细账

教学专用

年		凭证		摘要	借方										贷方										借或贷	余额									
月	日	种类	号数		千	百	十	万	千	百	十	元	角	分	千	百	十	万	千	百	十	元	角	分		千	百	十	万	千	百	十	元	角	分

第____页

明细账

教学专用

二级科目或明细科目……………………

年		凭证		摘要	借方										贷方										借或贷	余额									
月	日	种类	号数		千	百	十	万	千	百	十	元	角	分	千	百	十	万	千	百	十	元	角	分		千	百	十	万	千	百	十	元	角	分

教学专用

明细账

第______页

二级科目或明细科目 ……………………

年		凭证		摘要	借方										贷方										借或贷	余额									
月	日	种类	号数		千	百	十	万	千	百	十	元	角	分	千	百	十	万	千	百	十	元	角	分		千	百	十	万	千	百	十	元	角	分

教学专用

明细账

第______页

二级科目或明细科目..

年		凭证		摘要	借方										贷方										借或贷	余额									
月	日	种类	号数		千	百	十	万	千	百	十	元	角	分	千	百	十	万	千	百	十	元	角	分		千	百	十	万	千	百	十	元	角	分

教学专用

明细账

第______页

二级科目或明细科目……………………

年		凭证		摘要	借方										贷方										借或贷	余额									
月	日	种类	号数		千	百	十	万	千	百	十	元	角	分	千	百	十	万	千	百	十	元	角	分		千	百	十	万	千	百	十	元	角	分

教学专用

明细账

第______页

二级科目或明细科目............

年		凭证		摘要	借方										贷方										借或贷	余额									
月	日	种类	号数		千	百	十	万	千	百	十	元	角	分	千	百	十	万	千	百	十	元	角	分		千	百	十	万	千	百	十	元	角	分

教学专用

第______页

明细账

二级科目或明细科目 ……………………

年		凭证		摘要	借方										贷方										借或贷	余额									
月	日	种类	号数		千	百	十	万	千	百	十	元	角	分	千	百	十	万	千	百	十	元	角	分		千	百	十	万	千	百	十	元	角	分

教学专用

明细账

第______页

二级科目或明细科目……………………

年		凭证		摘要	借方										贷方										借或贷	余额									
月	日	种类	号数		千	百	十	万	千	百	十	元	角	分	千	百	十	万	千	百	十	元	角	分		千	百	十	万	千	百	十	元	角	分

教学专用

明细账

第＿＿＿页

二级科目或明细科目 ……………………………………

年		凭证		摘要	借方										贷方										借或贷	余额									
月	日	种类	号数		千	百	十	万	千	百	十	元	角	分	千	百	十	万	千	百	十	元	角	分		千	百	十	万	千	百	十	元	角	分

教学专用

明细账

第______页

二级科目或明细科目 ……………………………………

年		凭证		摘要	借方										贷方										借或贷	余额									
月	日	种类	号数		千	百	十	万	千	百	十	元	角	分	千	百	十	万	千	百	十	元	角	分		千	百	十	万	千	百	十	元	角	分

教学专用

明细账

第______页

二级科目或明细科目……………………

年		凭证		摘要	借方										贷方										借或贷	余额									
月	日	种类	号数		千	百	十	万	千	百	十	元	角	分	千	百	十	万	千	百	十	元	角	分		千	百	十	万	千	百	十	元	角	分

教学专用

第______页

明细账

二级科目或明细科目 ....

年		凭证		摘要	借方										贷方										借或贷	余额									
月	日	种类	号数		千	百	十	万	千	百	十	元	角	分	千	百	十	万	千	百	十	元	角	分		千	百	十	万	千	百	十	元	角	分

教学专用

明细账

第______页

二级科目或明细科目 ....

年		凭证		摘要	借方										贷方										借或贷	余额									
月	日	种类	号数		千	百	十	万	千	百	十	元	角	分	千	百	十	万	千	百	十	元	角	分		千	百	十	万	千	百	十	元	角	分

教学专用

第＿＿页

明细账

二级科目或明细科目 ……………………

年		凭证		摘要	借方										贷方										借或贷	余额									
月	日	种类	号数		千	百	十	万	千	百	十	元	角	分	千	百	十	万	千	百	十	元	角	分		千	百	十	万	千	百	十	元	角	分

教学专用

明细账

第______页

二级科目或明细科目 ……………………………………

年		凭证		摘要	借方										贷方										借或贷	余额									
月	日	种类	号数		千	百	十	万	千	百	十	元	角	分	千	百	十	万	千	百	十	元	角	分		千	百	十	万	千	百	十	元	角	分

第____页

明细账

教学专用

二级科目或明细科目..........

年		凭证		摘要	借方										贷方										借或贷	余额									
月	日	种类	号数		千	百	十	万	千	百	十	元	角	分	千	百	十	万	千	百	十	元	角	分		千	百	十	万	千	百	十	元	角	分

教学专用

明细账

第______页

二级科目或明细科目 ....

年		凭证		摘要	借方										贷方										借或贷	余额									
月	日	种类	号数		千	百	十	万	千	百	十	元	角	分	千	百	十	万	千	百	十	元	角	分		千	百	十	万	千	百	十	元	角	分

教学专用

明细账

第______页

二级科目或明细科目……………………

年		凭证		摘要	借方										贷方										借或贷	余额									
月	日	种类	号数		千	百	十	万	千	百	十	元	角	分	千	百	十	万	千	百	十	元	角	分		千	百	十	万	千	百	十	元	角	分

教学专用

明细账

第______页

二级科目或明细科目 ....

年		凭证		摘要	借方										贷方										借或贷	余额									
月	日	种类	号数		千	百	十	万	千	百	十	元	角	分	千	百	十	万	千	百	十	元	角	分		千	百	十	万	千	百	十	元	角	分

教学专用

明细账

第＿＿＿页

二级科目或明细科目……………………

年		凭证		摘要	借方										贷方										借或贷	余额									
月	日	种类	号数		千	百	十	万	千	百	十	元	角	分	千	百	十	万	千	百	十	元	角	分		千	百	十	万	千	百	十	元	角	分

教学专用

明细账

第＿＿＿页

二级科目或明细科目……………………

年		凭证		摘要	借方										贷方										借或贷	余额									
月	日	种类	号数		千	百	十	万	千	百	十	元	角	分	千	百	十	万	千	百	十	元	角	分		千	百	十	万	千	百	十	元	角	分

明细账

第______页

二级科目或明细科目……………………

年		凭证		摘要	借方										贷方										借或贷	余额									
月	日	种类	号数		千	百	十	万	千	百	十	元	角	分	千	百	十	万	千	百	十	元	角	分		千	百	十	万	千	百	十	元	角	分

教学专用

明细账

第____页

二级科目或明细科目……

年		凭证		摘要	借方										贷方										借或贷	余额									
月	日	种类	号数		千	百	十	万	千	百	十	元	角	分	千	百	十	万	千	百	十	元	角	分		千	百	十	万	千	百	十	元	角	分

教学专用

明细账

第______页

二级科目或明细科目 ....

年		凭证		摘要	借方										贷方										借或贷	余额									
月	日	种类	号数		千	百	十	万	千	百	十	元	角	分	千	百	十	万	千	百	十	元	角	分		千	百	十	万	千	百	十	元	角	分

教学专用

明细账

第______页

二级科目或明细科目..........................

年		凭证		摘要	借方										贷方										借或贷	余额									
月	日	种类	号数		千	百	十	万	千	百	十	元	角	分	千	百	十	万	千	百	十	元	角	分		千	百	十	万	千	百	十	元	角	分

教学专用

明细账

第______页

二级科目或明细科目..............................

年		凭证		摘要	借方										贷方										借或贷	余额									
月	日	种类	号数		千	百	十	万	千	百	十	元	角	分	千	百	十	万	千	百	十	元	角	分		千	百	十	万	千	百	十	元	角	分

教学专用

明细账

第____页

二级科目或明细科目……………………

年		凭证		摘要	借方										贷方										借或贷	余额									
月	日	种类	号数		千	百	十	万	千	百	十	元	角	分	千	百	十	万	千	百	十	元	角	分		千	百	十	万	千	百	十	元	角	分

明细账

第____页

二级科目或明细科目 ....

年		凭证		摘要	借方										贷方										借或贷	余额									
月	日	种类	号数		千	百	十	万	千	百	十	元	角	分	千	百	十	万	千	百	十	元	角	分		千	百	十	万	千	百	十	元	角	分

教学专用

明细账

第＿＿＿页

二级科目或明细科目……………………

年		凭证		摘要	借方										贷方										借或贷	余额									
月	日	种类	号数		千	百	十	万	千	百	十	元	角	分	千	百	十	万	千	百	十	元	角	分		千	百	十	万	千	百	十	元	角	分

教学专用

明细账

第＿＿页

二级科目或明细科目…………

年		凭证		摘要	借方										贷方										借或贷	余额									
月	日	种类	号数		千	百	十	万	千	百	十	元	角	分	千	百	十	万	千	百	十	元	角	分		千	百	十	万	千	百	十	元	角	分

第______页

明细账

教学专用

二级科目或明细科目 ....

年		凭证		摘要	借方										贷方										借或贷	余额									
月	日	种类	号数		千	百	十	万	千	百	十	元	角	分	千	百	十	万	千	百	十	元	角	分		千	百	十	万	千	百	十	元	角	分

教学专用

明细账

第______页

二级科目或明细科目……………………

年		凭证		摘要	借方										贷方										借或贷	余额									
月	日	种类	号数		千	百	十	万	千	百	十	元	角	分	千	百	十	万	千	百	十	元	角	分		千	百	十	万	千	百	十	元	角	分

第＿＿页

明细账

教学专用

二级科目或明细科目……………………

年		凭证		摘要	借方										贷方										借或贷	余额									
月	日	种类	号数		千	百	十	万	千	百	十	元	角	分	千	百	十	万	千	百	十	元	角	分		千	百	十	万	千	百	十	元	角	分

教学专用

明细账

年		凭单号	摘要	借方						贷方	余额
月	日			百十万千百十元角分	百十万千百十元角分	百十万千百十元角分	百十万千百十元角分	百十万千百十元角分	百十万千百十元角分	百十万千百十元角分	百十万千百十元角分

教学专用

明细账

<table>
<tr><th colspan="2">年</th><th rowspan="2">凭单号</th><th rowspan="2">摘　要</th><th colspan="54">借　方</th><th colspan="9">贷方</th><th colspan="9">余额</th></tr>
<tr><th>月</th><th>日</th><th>百</th><th>十</th><th>万</th><th>千</th><th>百</th><th>十</th><th>元</th><th>角</th><th>分</th><th>百</th><th>十</th><th>万</th><th>千</th><th>百</th><th>十</th><th>元</th><th>角</th><th>分</th><th>百</th><th>十</th><th>万</th><th>千</th><th>百</th><th>十</th><th>元</th><th>角</th><th>分</th><th>百</th><th>十</th><th>万</th><th>千</th><th>百</th><th>十</th><th>元</th><th>角</th><th>分</th><th>百</th><th>十</th><th>万</th><th>千</th><th>百</th><th>十</th><th>元</th><th>角</th><th>分</th><th>百</th><th>十</th><th>万</th><th>千</th><th>百</th><th>十</th><th>元</th><th>角</th><th>分</th><th>百</th><th>十</th><th>万</th><th>千</th><th>百</th><th>十</th><th>元</th><th>角</th><th>分</th><th>百</th><th>十</th><th>万</th><th>千</th><th>百</th><th>十</th><th>元</th><th>角</th><th>分</th></tr>
</table>

教学专用

明细账

年		凭单号	摘要	借方						贷方	余额
月	日			百十万千百十元角分	百十万千百十元角分	百十万千百十元角分	百十万千百十元角分	百十万千百十元角分	百十万千百十元角分	百十万千百十元角分	百十万千百十元角分

教学专用

明细账

年		凭单号	摘　要	借方						贷方	余额
月	日			百十万千百十元角分	百十万千百十元角分	百十万千百十元角分	百十万千百十元角分	百十万千百十元角分	百十万千百十元角分	百十万千百十元角分	百十万千百十元角分

教学专用

明细账

年		凭单号	摘要	借方						贷方	余额
月	日			百十万千百十元角分	百十万千百十元角分	百十万千百十元角分	百十万千百十元角分	百十万千百十元角分	百十万千百十元角分	百十万千百十元角分	百十万千百十元角分

教学专用

应交税费（增值税）明细账

年		凭证		摘要	借方				贷方				借或贷	余额
					合计	进项税额	已交税金	转出未交增值税	合计	销项税额	出口退税	进项税额转出		
月	日	种类	编号		千百十万千百十元角分	千百十万千百十元角分	千百十万千百十元角分	千百十万千百十元角分	千百十万千百十元角分	千百十万千百十元角分	千百十万千百十元角分	千百十万千百十元角分		千百十万千百十元角分

教学专用

应交税费（增值税）明细账

年		凭证		摘要	借方				贷方				借或贷	余额
					合计	进项税额	已交税金	转出未交增值税	合计	销项税额	出口退税	进项税额转出		
月	日	种类	编号		千百十万千百十元角分	千百十万千百十元角分	千百十万千百十元角分	千百十万千百十元角分	千百十万千百十元角分	千百十万千百十元角分	千百十万千百十元角分	千百十万千百十元角分		千百十万千百十元角分

库存现金日记

年		记账凭证		对方科目	摘要	借方										贷方										✓	余额									
月	日	字	号			千	百	十	万	千	百	十	元	角	分	千	百	十	万	千	百	十	元	角	分		千	百	十	万	千	百	十	元	角	分

教学专用

库存现金日记

年		记账凭证		对方科目	摘要	借方										贷方										✓	余额									
月	日	字	号			千	百	十	万	千	百	十	元	角	分	千	百	十	万	千	百	十	元	角	分		千	百	十	万	千	百	十	元	角	分

教学专用

库存现金日记

年		记账凭证		对方科目	摘要	借方										贷方										✓	余额									
月	日	字	号			千	百	十	万	千	百	十	元	角	分	千	百	十	万	千	百	十	元	角	分		千	百	十	万	千	百	十	元	角	分

银行存款日记账

开户行：

账号：

教学专用

年		记账凭证		对方科目	摘要	结算凭证		借方										贷方										借或贷	余额									
月	日	字	号			种类	号码	千	百	十	万	千	百	十	元	角	分	千	百	十	万	千	百	十	元	角	分		千	百	十	万	千	百	十	元	角	分

银行存款日记账

开户行：

账号：

教学专用

年		记账凭证		对方科目	摘要	结算凭证		借方										贷方										借或贷	余额									
月	日	字	号			种类	号码	千	百	十	万	千	百	十	元	角	分	千	百	十	万	千	百	十	元	角	分		千	百	十	万	千	百	十	元	角	分

银行存款日记账

开户行：

账号：

教学专用

年		记账凭证		对方科目	摘要	结算凭证		借方										贷方										借或贷	余额									
月	日	字	号			种类	号码	千	百	十	万	千	百	十	元	角	分	千	百	十	万	千	百	十	元	角	分		千	百	十	万	千	百	十	元	角	分

银行存款日记账

开户行：

账号：

教学专用

年		记账凭证		对方科目	摘要	结算凭证		借方										贷方										借或贷	余额									
月	日	字	号			种类	号码	千	百	十	万	千	百	十	元	角	分	千	百	十	万	千	百	十	元	角	分		千	百	十	万	千	百	十	元	角	分

银行存款日记账

开户行：
账号：

教学专用

年		记账凭证		对方科目	摘要	结算凭证		借方										贷方										借或贷	余额									
月	日	字	号			种类	号码	千	百	十	万	千	百	十	元	角	分	千	百	十	万	千	百	十	元	角	分		千	百	十	万	千	百	十	元	角	分

利　润　表

企会02表

编制单位：　　　　　　　　　　年　　月　　　　　　　　　　单位：元

项　　目	本期金额	上期金额
一、营业收入		
减：营业成本		
税金及附加		
销售费用		
管理费用		
研发费用		
财务费用		
其中：利息费用		
利息收入		
加：其他收益		
投资收益（损失以“－”号填列）		
公允价值变动收益（损失以“－”号填列）		
信用减值损失（损失以“－”号填列）		
资产减值损失（损失以“－”号填列）		
资产处置收益（损失以“－”号填列）		
二、营业利润（亏损以“－”号填列）		
加：营业外收入		
减：营业外支出		
三、利润总额（亏损总额以“－”号填列）		
减：所得税费用		
四、净利润（净亏损以“－”号填列）		
（一）持续经营净利润（净亏损以“－”号填列）		
（二）终止经营净利润（净亏损以“－”号填列）		
五、其他综合收益的税后净额		
（一）不能重分类进损益的其他综合收益		
（二）将重分类进损益的其他综合收益		
六、综合收益总额		
七、每股收益		

利 润 表

企会02表

编制单位：　　　　　　　　年　　月　　　　　　　　单位：元

项　　目	本期金额	上期金额
一、营业收入		
减：营业成本		
税金及附加		
销售费用		
管理费用		
研发费用		
财务费用		
其中：利息费用		
利息收入		
加：其他收益		
投资收益（损失以“－”号填列）		
公允价值变动收益（损失以“－”号填列）		
信用减值损失（损失以“－”号填列）		
资产减值损失（损失以“－”号填列）		
资产处置收益（损失以“－”号填列）		
二、营业利润（亏损以“－”号填列）		
加：营业外收入		
减：营业外支出		
三、利润总额（亏损总额以“－”号填列）		
减：所得税费用		
四、净利润（净亏损以“－”号填列）		
（一）持续经营净利润（净亏损以“－”号填列）		
（二）终止经营净利润（净亏损以“－”号填列）		
五、其他综合收益的税后净额		
（一）不能重分类进损益的其他综合收益		
（二）将重分类进损益的其他综合收益		
六、综合收益总额		
七、每股收益		

资产负债表

会企01表

编制单位：　　　　　　　　年　　月　　日　　　　　　　　单位：元

资产	期末余额	年初余额	负债及所有者权益（或股东权益）	期末余额	年初余额
流动资产：			流动负债：		
货币资金			短期借款		
交易性金融资产			交易性金融负债		
衍生金融资产			衍生金融负债		
应收票据			应付票据		
应收账款			应付账款		
应收款项融资			预收款项		
预付款项			合同负债		
其他应收款			应付职工薪酬		
存货			应交税费		
合同资产			其他应付款		
持有待售资产			持有待售负债		
一年内到期的非流动资产			一年内到期的非流动负债		
其他流动资产			其他流动负债		
流动资产合计			流动负债合计		
非流动资产：			非流动负债：		
债权投资			长期借款		
其他债权投资			应付债券		
长期应收款			租赁负债		
长期股权投资			长期应付款		
其他权益工具投资			预计负债		
其他非流动金融资产			递延收益		
投资性房地产			递延所得税负债		
固定资产			其他非流动负债		
在建工程			非流动负债合计		
生产性生物资产			负债合计		
油气资产			所有者权益（或股东权益）：		
使用权资产			实收资本（或股本）		
无形资产			其他权益工具		
开发支出			资本公积		
商誉			减：库存股		
长期待摊费用			其他综合收益		
递延所得税资产			专项储备		
其他非流动资产			盈余公积		
非流动资产合计			未分配利润		
			所有者权益（或股东权益）合计		
资产总计			负债和所有者权益（或股东权益）总计		

资产负债表

会企 01 表

编制单位：　　　　年　　月　　日　　　　单位:元

资产	期末余额	年初余额	负债及所有者权益（或股东权益）	期末余额	年初余额
流动资产：			流动负债：		
货币资金			短期借款		
交易性金融资产			交易性金融负债		
衍生金融资产			衍生金融负债		
应收票据			应付票据		
应收账款			应付账款		
应收款项融资			预收款项		
预付款项			合同负债		
其他应收款			应付职工薪酬		
存货			应交税费		
合同资产			其他应付款		
持有待售资产			持有待售负债		
一年内到期的非流动资产			一年内到期的非流动负债		
其他流动资产			其他流动负债		
流动资产合计			流动负债合计		
非流动资产：			非流动负债：		
债权投资			长期借款		
其他债权投资			应付债券		
长期应收款			租赁负债		
长期股权投资			长期应付款		
其他权益工具投资			预计负债		
其他非流动金融资产			递延收益		
投资性房地产			递延所得税负债		
固定资产			其他非流动负债		
在建工程			非流动负债合计		
生产性生物资产			负债合计		
油气资产			所有者权益(或股东权益)：		
使用权资产			实收资本(或股本)		
无形资产			其他权益工具		
开发支出			资本公积		
商誉			减:库存股		
长期待摊费用			其他综合收益		
递延所得税资产			专项储备		
其他非流动资产			盈余公积		
非流动资产合计			未分配利润		
			所有者权益(或股东权益)合计		
资产总计			负债和所有者权益（或股东权益）总计		

装订线

北京宏达食品有限公司

库存现金日记账

装订线

库存现金日记账封底

装订线

北京宏达食品有限公司

银行存款日记账

装订线

银行存款日记账封底

装订线

北京宏达食品有限公司

明细分类账

装订线

明细分类账封底

装订线

北京宏达食品有限公司

总分类账

装订线

总分类账封底

"十二五"职业教育国家规划教材
经全国职业教育教材审定委员会审定

会计基础模拟实训

（第2版）

张洪波　主编

中国财经出版传媒集团
中国财政经济出版社

图书在版编目（CIP）数据

会计基础模拟实训/张洪波主编．2 版．—北京：中国财政经济出版社，2019. 9（2025.9重印）
“十二五”职业教育国家规划教材
ISBN 978 -7 -5095 -9214 -4

Ⅰ．①会…　Ⅱ．①张…　Ⅲ．①会计学 - 高等职业教育 - 教材　Ⅳ．①F230

中国版本图书馆 CIP 数据核字（2019）第 192294 号

责任编辑：李　缓　　　　责任校对：张　凡
封面设计：陈宇琰

中国财政经济出版社 出版
URL：http：//www. cfeph. cn
E - mail：cfeph @ cfeph. cn
（版权所有　翻印必究）
社址：北京市海淀区阜成路甲 28 号　邮政编码：100142
营销中心电话：88190406　北京财经书店电话：64033436　84041336
涿州汇美亿浓印刷有限公司印刷　各地新华书店经销
880 ×1230 毫米　16 开　32. 5 印张　593 000 字
2019 年 9 月第 2 版　2025 年 9 月河北第 5 次印刷
定价：75. 00 元
ISBN 978 -7 -5095 -9214 -4
（图书出现印装问题，本社负责调换）
本社质量投诉电话：010 -88190744
打击盗版举报热线：010 -88190414　QQ：447268889

前 言

《会计基础模拟实训》是“十二五”职业教育国家规划教材、国家示范性高职院校中央财政重点建设项目成果、山东省优质高职院校建设项目成果、山东省精品课程“会计基础模拟实训”配套教材。教材编写力求体现两大理念：一是“产教融合、校企合作开发”，充分体现职业性、实践性和开放性，促进综合素养养成；二是促进“互联网＋”时代混合式教学模式改革，突出学生学习能力、实践能力、创新能力和就业能力培养”。该教材内容选取具有很强的针对性和适用性，教材编写具有一定的创新性。

一、项目任务引领，教学做一体

构建企业真实职业情境、工作任务和业务资料，高仿真账证表，图文并茂，教材具有良好的职业性。教材选取典型企业“从期初建账——日常业务处理——期末处理——会计报表编制——会计档案整理与归档”完整的会计核算工作过程，将企业真实工作任务改造后作为学习任务，教学做一体。学生通过扮演不同岗位角色亲身体验和分工协作完成企业会计工作，同时养成爱岗敬业、诚实守信、认真严谨的职业态度和团队合作精神。

二、教材内容新颖，财税法规更新及时

教材教学内容按照最新财税法规进行更新，对接企业实际工作任务，教材中账证表与企业工作实际一致。依据《关于深化增值税改革有关政策的公告（财政部 税务总局 海关总署公告2019年第39号）》《关于调整增值税纳税申报有关事项的公告（国家税务总局公告2019年第15号）》《中华人民共和国个人所得税法实施条例》《关于修订印发2019年度一般企业财务报表格式的通知（财会〔2019〕6号）》等相关文件和企业会计准则最新修订情况进行教材内容更新，本教材既可以在手工会计模式下完成整个会计基础核算工作，也可适应“互联网＋”时代云财务智能会计转型升级，随时随地利用云财务平台进行网上实训。

三、岗证课赛融通，教材体系立体化

本教材将职业岗位工作任务、职业能力等级证书考试大纲和会计技能大赛竞赛内容融入教学内容，岗课证赛深度融合。教学内容

与财政部助理会计师考试内容相融合，与职业院校技能大赛会计技能竞赛内容对接。采用“互联网＋职业教育”新理念，系统制定详细的数字化资源开发计划，纸质教材都按知识点/能力点配套数字化资源，包括课程标准、教学日历（授课计划）、电子课件、操作动画与参考答案等，并在纸质教材上采用二维码形式呈现，学生可以在学习过程中利用手机、PAD等移动终端设备随扫随学，基本资源可下载编辑，为实施线上线下相结合的混合式教学模式改革提供支撑，提升专业信息化教学水平。

课时安排

本教材由山东商业职业技术学院张洪波教授和畅捷通信息技术股份有限公司蔡明辉等校企合作共同编写。全书最后由张洪波总纂定稿，山东百企慧企业管理咨询集团总经理、注册会计师单宝强主审。本教材既可作为职业院校财经类专业会计核算基本方法模拟实训教材，也可作为在职会计人员培训及社会人员自学用书。

由于编写时间仓促，作者水平和实践经验有限，书中不妥之处，恳请读者批评指正。

编　者

2019年7月

目录 Contents

项目一

期初建账 / 1

项目二

日常业务处理 / 11

项目三

期末处理 / 167

项目四

会计报表编制 / 175

项目五

会计档案整理与归档 / 179

附　录

空白凭证、材料

项目一

期初建账

一、实训任务与要求

任务 1.1　根据会计科目与账户余额有关资料设置总账、明细账和日记账，登记期初余额。

任务 1.2　编制期初试算平衡表。

任务 1.3　在云财务平台中完成系统初始化设置。

主要包括：新建账套，设置操作员与权限，设置部门档案、职员档案、客户档案、供应商档案、凭证类别、会计科目、结算方式，录入期初余额并试算平衡等。

智能云财务平台
——好会计

智能云财务平台
——柠檬云财税

智能云财务平台
——金财管家

二、公司基本情况

（一）公司注册资料

公司注册名称：北京宏达食品有限公司。

公司注册地址、电话：北京市西城区马连道中里 16 号，010－66206533。

公司注册资本：人民币 1000 万元。

公司法定代表人：苏宏达。

公司经营范围：主要从事巧克力、饼干的生产和销售。

启用日期：2019 年 12 月 1 日。

（二）公司账户资料

1. 基本存款账户。

交通银行北京西城支行，账号：110002045290193842486。

2. 一般存款账户。

交通银行北京西城支行，账号：110008982591961765629。

3. 工资账户。

交通银行北京西城支行，账号：110008090620176814156。

4. 银行预留印鉴。

PPT：期初建账

操作动画：期初建账

（三）纳税登记资料

国家税务总局北京市西城区税务局，纳税登记号 911101020653628966。

缴款账户：国家金库北京西城区支库，账号：110329136623625580 8。

三、公司会计工作组织及分工

公司单独设置财会部门，划分为会计主管、会计、出纳三个工作岗位，具体分工和权限如下：

1. 会计主管——W01 张宏明

职责：领导和组织公司会计核算工作；负责审核会计凭证、对账和编制财务报表；负责保管财务专用章；纳税申报；进行财务管理；组织会计档案的整理和归档保管；组织财产清查等。

2. 会计——W02 陈天财

职责：编制会计凭证；负责保管发票专用章；登记总账和明细账。

3. 出纳——W03 王晓娜

职责：负责办理库存现金、银行存款收款、付款及银行结算其他业务；保管库存现金、有价证券及法人代表名章；登记库存现金日记账、银行存款日记账；配合清查人员进行库存现金、银行存款清查等。

操作员及其权限如表 1－1 所示。

表 1－1　　操作员及其权限

编码	姓名	所属部门	职务	权　限
A01	苏宏达	行政部	总经理	账套主管
W01	张宏明	财务部	会计主管	审核凭证、查询凭证、总账对账及结账、财务报表
W02	陈天财	财务部	会计	总账（审核凭证、出纳签字除外，包括填制凭证、记账等）
W03	王晓娜	财务部	出纳	出纳签字、现金管理

四、公司会计核算方法及财务管理制度

1. 公司以人民币为记账本位币（核算中金额计算保留至分位），记账文字为中文。

2. 采用通用记账凭证类别。银行存款的发生额均为蓝字，不得出现红字发生额。

3. 会计核算采用记账凭证账务处理程序。每日发生的经济业务，根据审核无误的记账凭证及所附原始凭证登记日记账、明细账和总账。

4. 公司经国家税务部门认定为增值税一般纳税人，增值税税率为 13%，运费抵扣率为 9%，城市维护建设税税率为 7%，教育费附加费率为 3%，地方教育费附加费率为 2%。

公司当期取得的增值税专用发票，按照现行增值税制度规定当期准予抵扣的，默认均已认证且于当期一次性抵扣。

公司企业所得税税率为 25%，并假设这一税率适用于未来可预见的期间，公司不享受其他税收优惠政策。企业所得税的核算采用应付税款法。企业所得税缴纳采用按季预缴，按年汇算清缴的方式，公司以前年度的企业所得税已进行汇算清缴。

公司按规定代扣代缴个人所得税，其费用扣除标准为每月 5 000 元，暂不考虑专项附加扣除等因素。

5. 外购存货按照实际成本计价，采购费用按照采购货物重量比例分配，发出和期末存货按照月末一次加权平均法计价。

6. 固定资产折旧采用年限平均法，折旧年限的估计符合政策规定。

7. 公司职工福利费按应付工资总额的 14% 比例计提，工会经费、职工教育经费不预先计提。

8. 公司根据有关规定，每年按当年净利润（扣减以前年度未弥补亏损后）的 10% 计提法定盈余公积，不计提任意盈余公积，按 10% 向投资者分配

利润。

9. 公司专设独立销售机构。

10. 未列明的其他会计事项，公司根据现行《企业会计准则》的相关规定处理。

五、账簿体系设置

1. 总账一本。

2. 库存现金日记账、银行存款日记各一本。

3. 适用于原材料、库存商品的数量金额式明细账一本；适用于制造费用、销售费用、管理费用、应交增值税的多栏式明细账一本；适用于其他各明细账户的三栏式明细账一本。以上三本明细账因各自使用账页不多，可按顺序编页码后合并为一本装订。

六、基础档案与账户期初余额

1. 部门档案，如表1－2所示。

表1－2　部门档案

部门编码	部门名称	部门编码	部门名称
A	行政部	G	采购部
W	财务部	C	仓管部
X	销售部	S	生产部

2. 职员档案，如表1－3所示。

表1－3　职员档案

职员编号	职员名称	职员助记码	所属部门	职员属性
A01	苏宏达	SHD	行政部	经理人员
A02	郑小龙	ZXL	行政部	管理人员
C01	赵仓宝	ZCB	仓管部	经理人员
C02	魏小波	WXB	仓管部	管理人员

续表

职员编号	职员名称	职员助记码	所属部门	职员属性
G01	李彩云	LCY	采购部	经理人员
G02	马晓辉	MXH	采购部	管理人员
S01	刘鸿敏	LHM	生产部	经理人员
S02	米魏媛	MWY	生产部	生产人员
S03	尹志平	YZP	生产部	生产人员
W01	张宏明	ZHM	财务部	经理人员
W02	陈天财	CTC	财务部	管理人员
W03	王晓娜	WXN	财务部	管理人员
X01	刘肖杰	LXJ	销售部	经理人员
X02	唐述思	TSS	销售部	销售人员
X03	侯梦玲	HML	销售部	销售人员

3. 客户档案，如表 1－4 所示。

表 1－4　客户档案

编码	名称	简称	税号	开户银行	银行账号
0101	北京玖智商贸有限公司	北京玖智	914567812345690002	交通银行北京通州支行	12034456781253
0102	山东家家乐有限公司	山东家家乐	912436523456172516	交通银行洪山路支行	12303413241346
0103	南京万丰有限公司	南京万丰	913201007897897796	交通银行南京分行	12419758903409
0201	北京鑫旭贸易有限公司	北京鑫旭	915085311309463668	交通银行北京市锐平路支行	13560642530421
0202	北京凯立商贸有限公司	北京凯立	150435618902545283	交通银行北京市亚和路支行	12453678903437

4. 供应商档案，如表 1－5 所示。

表1－5

供应商档案

编码	名称	简称	税号	开户银行	银行账号
0101	山东承天有限公司	山东承天	913701059084455782	交通银行济南历城支行	24378191419721
0102	北京明达有限公司	北京明达	911101012130967453	交通银行北京东城分行	92234899556035
0201	韵达快运有限公司	韵达快运	91110101213000002B	交通银行北京东城分行	92234895634175
0202	河北中天有限公司	河北中天	950435618902512457	交通银行河北廊坊分行	12456702343731

5. 结算方式，如表1－6所示。

表1－6

结算方式

编号	名称	是否进行票据管理	编号	名称	是否进行票据管理
1	支票	否	301	银行承兑汇票	否
101	现金支票	是	302	商业承兑汇票	否
102	转账支票	是	4	电汇	否
2	银行汇票	否	5	网银	否
3	商业汇票	否	6	其他	否

6. 会计科目与期初余额，如表1－7所示。

表1－7

会计科目与期初余额表

科目编码	科目名称	方向	数量	期初余额
1001	库存现金	借		4700.00
1002	银行存款	借		5726550.00
1101	交易性金融资产	借		320000.00
1121	应收票据	借		120000.00
112101	北京玖智商贸有限公司	借		120000.00
112102	山东家家乐有限公司	借		
112103	南京万丰有限公司	借		

续表

科目编码	科目名称	方向	数量	期初余额
112104	北京鑫旭贸易有限公司	借		
1122	应收账款	借		180000. 00
112201	北京玖智商贸有限公司	借		
112202	山东家家乐有限公司	借		
112203	南京万丰有限公司	借		120000. 00
112204	北京鑫旭贸易有限公司	借		60000. 00
1123	预付账款	借		
112301	山东承天有限公司	借		
1221	其他应收款	借		5000. 00
122101	李彩云	借		3000. 00
122102	唐述思	借		2000. 00
122103	刘肖杰			
1402	在途物资	借		61000. 00
1403	原材料	借		720000. 00
140301	纯可可脂	借	3000. 00kg	150000. 00
140302	奶油	借	6000. 00kg	360000. 00
140303	鸡蛋	借	16000. 00kg	160000. 00
140304	面粉	借	10000. 00 kg	50000. 00
1405	库存商品	借		2300000. 00
140501	万醇巧克力	借	10000. 00 盒	1100000. 00
140502	奇幻饼干	借	20000. 00 盒	1200000. 00
1601	固定资产	借		7700000. 00
1602	累计折旧	贷		2212000. 00
1701	无形资产	借		300000. 00

续表

科目编码	科目名称	方向	数量	期初余额
2001	短期借款	贷		100000.00
2201	应付票据	贷		300000.00
220101	山东承天有限公司	贷		300000.00
220102	北京明达有限公司	贷		
220103	韵达快运有限公司	贷		
220104	河北中天有限公司	贷		
2202	应付账款	贷		85100.00
220201	山东承天有限公司	贷		85100.00
220202	北京明达有限公司	贷		
220203	韵达快运有限公司	贷		
220204	河北中天有限公司	贷		
2203	预收账款	贷		
2211	应付职工薪酬	贷		95300.00
221101	应付职工薪酬	贷		69000.00
221103	应付福利费	贷		26300.00
2221	应交税费	贷		104700.00
222101	应交增值税	贷		
22210101	进项税额	借		
22210103	已交税金	借		
22210104	转出未交增值税	借		
22210107	销项税额	贷		
22210109	进项税额转出	贷		
22210110	转出多交增值税	贷		
222102	未交增值税	贷		90000.00

续表

科目编码	科目名称	方向	数量	期初余额
2221015	应交企业所得税	贷		
222117	应交城市维护建设税	贷		6300.00
222121	应交个人所得税	贷		3900.00
222122	教育附加费	贷		2700.00
222126	地方教育费附加	贷		1800.00
2231	应付利息	贷		10000.00
2232	应付股利	贷		
2501	长期借款	贷		1921000.00
4001	实收资本	贷		10000000.00
4002	资本公积	贷		100000.00
4101	盈余公积	贷		144000.00
410101	法定盈余公积	贷		144000.00
4103	本年利润	贷		2285150.00
4104	利润分配	贷		80000.00
410401	其他收入			
410402	提取法定盈余公积			
410405	应付股利			
410416	未分配利润	贷		80000.00
5001	生产成本	借		
500101	万醇巧克力	借		
500102	奇幻饼干	借		
5101	制造费用	借		
6001	主营业务收入	贷		
600101	万醇巧克力	贷		
600102	奇幻饼干	贷		
6051	其他业务收入	贷		

续表

科目编码	科目名称	方向	数量	期初余额
6111	投资收益	贷		
6301	营业外收入	贷		
6401	主营业务成本	借		
640101	万醇巧克力	借		
640102	奇幻饼干	借		
6403	税金及附加	借		
6601	销售费用	借		
660101	销售人员职工薪酬	借		
660103	运输费	借		
660104	广告费	借		
660106	其他	借		
6602	管理费用	借		
660201	管理人员职工薪酬	借		
660202	办公费	借		
660203	业务招待费	借		
660205	差旅费	借		
660207	固定资产折旧	借		
660210	其他			
6603	财务费用	借		
660301	利息	借		
660302	手续费	借		
6701	资产减值损失	借		
6711	营业外支出	借		
671101	非流动资产处置损失	借		
671104	公益性捐赠支出	借		
6801	所得税费用	借		

项目二

日常业务处理

一、实训任务与要求

任务 2.1　填制与审核凭证

对本月所发生的经济活动，按照要求审核或填制原始凭证、编制记账凭证、审核记账凭证。

1. 原始凭证填制和审核要求。

对取得的原始凭证，认真审核凭证的合法性、相关数据计算的正确性无误后，作为编制记账凭证的依据。

对自行填制的原始凭证，保证数据来源可靠，计算正确，内容完整；一律使用蓝（或黑）中性笔或钢笔填制，不允许使用铅笔；已经填制的原始凭证，不允许改动。

2. 记账凭证填制和审核要求。

（1）根据审核无误的原始凭证编制记账凭证，保证内容完整，作为登记明细账、日记账的依据。

（2）为了体现内部控制的要求，制证人与会计主管不应是同一人，也不允许是出纳，要求加盖不同人名章。

（3）记账凭证的编号由会计主管负责，按月按业务顺序连续编号，不允许空号、漏号。

（4）未审核编号的记账凭证发现编制错误，重新编制；一经审核编号的记账凭证不允许做任何改动。

（5）一律使用蓝（或黑）中性笔或钢笔填制，不允许使用铅笔、圆珠笔。

（6）已经记账的凭证发现编制错误，按照错账更正办法要求，编制更正差错凭证并审核编号后记账，原错误凭证一律不允许抽出。

任务 2.2　登记账簿

根据本月发生经济业务登记总账、明细账和日记账。账簿登记要求如下：

对账簿登记的一般要求：①日记账、明细账的登记一律根据审核无误的记账凭证及所附原始凭证记账，总账根据审核无误的记账凭证汇总表记账；②一律使用蓝（或黑）中性笔或钢笔记账，不允许使用铅笔或圆珠笔；红笔的使用按差错更正要求办理；③所

PPT：日常业务处理

操作动画：
填制记账凭证

操作动画：
多栏式明细账登记

有账户记账后逐笔结出余额，并注明余额方向；④所有账户要求办理“过次页”“承前页”手续；⑤记账时不允许空行、同一账户记账不允许隔页。

现金、银行存款日记账、损益类各明细账户、应交增值税明细账在办理“过次页”“承前页”手续时，必须加计发生额，其他账户可以只办理余额“过次页”“承前页”手续。

任务 2.3　在云财务平台中完成凭证的填制、审核和记账。

二、日常经济业务摘要（如表 2－1 所示）

表 2－1　日常经济业务摘要

业务编号	业务日期	业务摘要	业务单据
业务 1	12 月 01 日	购买办公用品	办公用品购置申请表、增值税专用发票、网银电子回单
业务 2	12 月 02 日	报销差旅费	旅费报销单、航空运输电子客票行程单 、火车票、增值税专用发票、增值税普通发票、收款收据
业务 3	12 月 03 日	欠款收回	电汇凭证收账通知
业务 4	12 月 04 日	材料验收入库	入库单
业务 5	12 月 05 日	销售产品，款项收回	购销合同、增值税专用发票、银行电子回单
业务 6	12 月 06 日	采购材料，验收入库，并支付货款和运费	购销合同、增值税专用发票 2 张、网银电子回单 2 张、入库单
业务 7	12 月 07 日	支付前欠材料款	电汇凭证回单
业务 8	12 月 08 日	通过银企税系统缴纳上月税费（增值税、城建税、教育费附加、地方教育费附加、个人所得税）	电子缴税付款凭证 3 张
业务 9	12 月 09 日	支付广告费，开具支票（自己填写）	增值税专用发票、转账支票
业务 10	12 月 10 日	销售产品，网银收款	购销合同、增值税专用发票、网银电子回单
业务 11	12 月 11 日	支付并分配电费	电费分配表、增值税专用发票、同城特约委托收款凭证
业务 12	12 月 12 日	报销差旅费	旅费报销单、火车票 2 张、增值税专用发票
业务 13	12 月 13 日	购买材料，并支付款项，材料验收入库	购销合同、增值税专用发票、电汇凭证回单、入库单
业务 14	12 月 14 日	发放上月工资，填制银行代发工资的转账支票、进账单	转账支票、进账单、工资结算汇总表

续表

业务编号	业务日期	业务摘要	业务单据
业务 15	12 月 15 日	提现备用（填写现金支票）	现金支票
业务 16	12 月 16 日	预付材料款	网银电子回单
业务 17	12 月 17 日	对外捐赠（电汇）	付款申请书、公共事业捐赠统一票据、电汇凭证回单
业务 18	12 月 18 日	购买材料，款项已预付，材料验收入库	增值税专用发票、入库单
业务 19	12 月 19 日	购买计算机及打印机设备，网银付款	增值税专用发票、网银电子回单、固定资产验收单 2 张
业务 20	12 月 20 日	销售产品，款项收回（转支）	购销合同、增值税专用发票、进账单收账通知
业务 21	12 月 21 日	销售部报销销售商品运费（现金）	费用报销单、增值税专用发票
业务 22	12 月 22 日	购买材料，分摊运费，材料验收入库，货款及运费暂欠	购销合同、增值税专用发票 2 张、入库单
业务 23	12 月 23 日	支付电话费和网络服务费	增值税专用发票 2 张、同城特约委托收款凭证
业务 24	12 月 24 日	支付员工借款（预借差旅费）	借支单
业务 25	12 月 25 日	偿还短期借款	还款记录单
业务 26	12 月 26 日	支付第 4 季度短期借款利息	利息转账专用传票
业务 27	12 月 27 日	支付财务人员培训费	增值税专用发票、网银电子回单
业务 28	12 月 28 日	网银支付员工餐费	增值税普通发票、网银电子回单
业务 29	12 月 29 日	销售产品，收到商业汇票	购销合同、增值税专用发票、银行承兑汇票
业务 30	12 月 30 日	支付账户维护费	付款通知书

三、日常经济业务原始单据

业务 1：12 月 01 日，购买办公用品。

1－1

教学专用

办公用品购置申请表

申请部门：财务部　　　　申请日期：2019 年 12 月 01 日

序号	办公用品名称	规格型号	申购数量	单位	预计单价	预计总价
1	凭证		100	本	22.60	2,260.00
2	账簿		20	本	16.95	339.00
3	黑色签字笔		10	盒	56.50	565.00
4						
5						
合　计						¥3,164.00

申请理由：

财务办公用具

申请人：学生

部门负责人审核	行政部负责人审核	财务负责人审核	公司领导审批
	郑小龙	张宏明	苏宏达

1－2

税总函〔2016〕××号××××公司

110015114

北京增值税专用发票

发票联

№ 8668942　110015114 8668942

机器编号：982888812388　　开票日期：2019年12月01日

购买方	名　　称：北京宏达食品有限公司 纳税人识别号：911101020653628966 地址、电话：马连道中里16号010-66206533 开户行及账号：交通银行北京西城支行110002045290193842486	密码区	172312-4-275 <1+46*54* 82*59* 181321> <8182*59*09618153 </ <4 <3*2702-9> 9*+153 </0 > 2-3 *08/4> *> > 2-3*0/9/> > 25-275 <1

货物或应税劳务、服务名称	规格型号	单位	数量	单价	金额	税率	税额
*纸制文具及用品*凭证	210*105mm	本	100	20.00	2,000.00	13%	260.00
*纸制文具及用品*账簿	299*212mm	本	20	15.00	300.00	13%	39.00
*圆珠笔*圆珠笔	黑色中性	盒	10	50.00	500.00	13%	65.00
合　　计					¥2,800.00		¥364.00
价税合计（大写）	⊗叁仟壹佰陆拾肆元整				（小写）¥3,164.00		

销售方	名　　称：北京凯立商贸有限公司 纳税人识别号：150435618902545283 地址、电话：北京市蓝英路880号15487902 开户行及账号：交通银行北京市亚和路支行12453678903437	备注	校验码 52118 02817 08243 65199

收款人：　　复核：罗兰　　开票人：赵武　　销售方：（章）

第三联：发票联 购买方记账凭记

教学专用

1－3

交通银行 网上银行电子回单

教学专用

电子回单号码：66602368432

付款人	户名	北京宏达食品有限公司	收款人	户名	北京凯立商贸有限公司
	账号	110002045290193842486		账号	12453678903437
	开户银行	交通银行北京西城支行		开户银行	交通银行北京市亚和路支行
金额		人民币（大写）：叁仟壹佰陆拾肆元整			¥3,164.00
摘要			业务种类		
用途		购买办公用品			
交易流水号		44274569107466	时间戳		2019-12-01
		备注： 验证码：86594640			
记账网点	715	记账柜员	139	记账日期	2019年12月01日

交通银行 校 电子回单 专用章

打印日期：2019年12月01日

业务 2：12 月 02 日，报销差旅费。

2－1

教学专用

差 旅 费 报 销 单

部门 采购部　　　　2019 年 12 月 02 日

出差人			李彩云						出差事由			洽谈业务			
出发				到达				交通工具	交通费		出差补贴		其他费用		
月	日	时	地点	月	日	时	地点		单据张数	金额	天数	金额	项目	单据张数	金额
1	2		北京	1	2		上海	飞机	1	930.00	1	100.00	住宿费	1	636.00
1	2		上海	1	2		北京	火车	1	553.00	1	100.00	市内车费		
													邮电费		
													办公用品费		
													不买卧铺补贴		
													其他	1	360.00
合计									2	¥1,483.00		¥200.00		2	¥996.00
报销总额	人民币（大写）贰仟陆佰柒拾玖元整								预借金额	¥3,000.00			补领金额		
													退还金额	¥321.00	

附件 5 张

主管　　　审核 张宏明　　　出纳 王晓娜　　　领款人 李彩云

2－2

航空运输电子客票行程单

ITINERARY/RECEIPT OF E-TICKET FOR AIR TRANSPOR

印刷序号：SERIAL NUMBER: 94586242274

教学专用

旅客姓名 NAME OF PASSENGER	有效身份证件号码 ID.NO.	签注 ENDORSEMENTS/RESTRICTIONS（CARBON）
李彩云	11010519800227258X	不得转签

	承运人 CARRIER	航班号 FLIGHT	座位等级 CLASS	日期 DATE	时间 TIME	客票级别/客票类别 FARE BASIS	客票生效日期 NOTVALID BEFORE	有效截止日期 NOTVALID AFTER	免费行李 ALLOW
自 FROM 北京	TY	MU4129	B	2019-11-24	1055	Y			20KG
至 TO 上海									
至 TO									
至 TO									
至 TO									

票价 FARE	机场建设费 AIRPORT TAX	燃油附加费 FUEL SURCHARGE	其他税费 OTHER TAXES	合计 TOTAL
CNY ¥880.00	CN ¥50.00	YQ		CNY ¥930.00

电子客票号码 E-TICKETNO.	验证码 CK.	提示信息 INFORMATION	保险费 INSURANCE
471937289016	0129	北京起飞前40分钟停止值机	

销售单位代号 AGENTCODE.	填开单位 ISSUEDBY	填开日期 DATE OF ISSUE
FU01382947885	北京捷达航空服务有限公司	2019年11月21日

验真网址：WWW.TRAVELSKY.COM　服务热线：400-815-8888　短信验真：发送JP至10669018

付款凭证 RECEIPT

手写无效 INVALID IN HANDWRITING

×××××金印务公司 电话：050-63513596

2－3

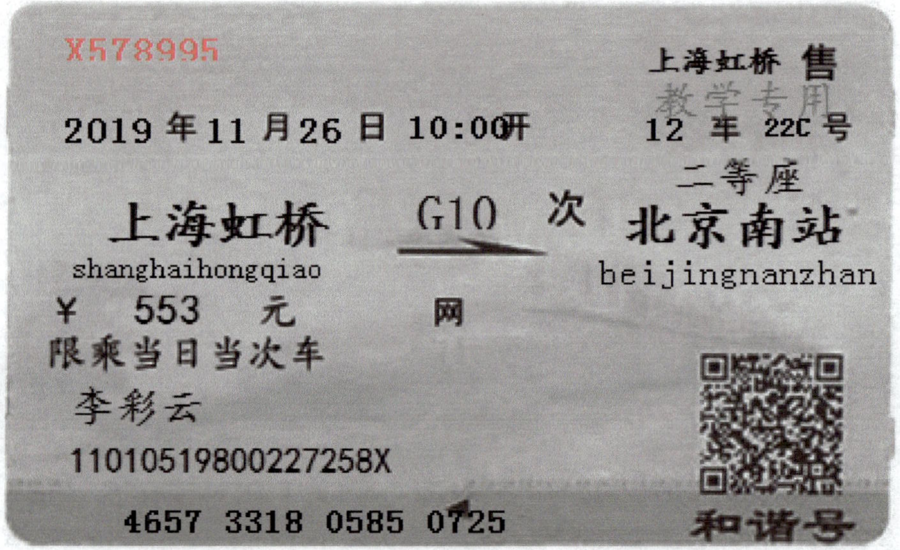
X578995
上海虹桥 售
教学专用
2019年11月26日 10:00开
12 车 22C 号
二等座
上海虹桥
shanghaihongqiao
G10 次
北京南站
beijingnanzhan
¥ 553 元
网
限乘当日当次车
李彩云
11010519800227258X
4657 3318 0585 0725
和谐号

2－4

310015114

上海增值税专用发票

发票联

№ 8879320 310015114 8879320

教学专用

机器编号：982888812388

开票日期：2019年11月26日

购买方	名称：北京宏达食品有限公司 纳税人识别号：911101020653628966 地址、电话：马连道中里16号010-66206533 开户行及账号：交通银行北京西城支行110002045290193842486			密码区	172312-4-275 <1+46*54* 82*59* 181321> <8182*59*09618153 </ <4 <3*2702-9> 9*+153 </0 >2-3 *08/4> *> >2-3*0/9/> >25-275 <1		
货物或应税劳务、服务名称	规格型号	单位	数量	单价	金额	税率	税额
*住宿服务*住宿费		天	2	300.00	600.00	6%	36.00
合计					¥600.00		¥36.00
价税合计（大写）	⊗ 陆佰叁拾陆元整				（小写）¥636.00		
销售方	名称：上海如家快捷酒店 纳税人识别号：91310101M541283020 地址、电话：上海市佳和路765号50287087 开户行及账号：工商银行上海市辰建路支行			备注	校验码 52118 02817 08243 65199		

收款人： 复核：高凯心 开票人：杨华 销售方：（章）

第三联：发票联 购买方记账凭证

税总函［2016］××号××××公司

2－5

税总函[2018]××号××××公司

03100190010

上海增值税普通发票

发票联

№ 1098676　　03100190010　1098676

教学专用

开票日期：2019年11月26日

购买方	名　　称：北京宏达食品有限公司 纳税人识别号：911101020653628966 地 址、电 话：马连道中里16号010-66206533 开户行及账号：交通银行北京西城支行110002045290193842486			密码区	172312-4-275 <1+46*54* 82*59* 181321> <8182*59*09618153 </ <4 <3*2702-9> 9*+153 </0 > 2-3 *08/4> *> > 2-3*0/9/> > 25-275 <1		
货物或应税劳务、服务名称	规格型号	单位	数量	单价	金额	税率	税额
*餐饮服务*餐费		次	5	67.92	339.62	6%	20.38
合　　计					¥339.62		¥20.38
价税合计（大写）	⊗ 叁佰陆拾元整				（小写）¥360.00		
销售方	名　　称：上海如家快捷酒店 纳税人识别号：91310101M541283020 地 址、电 话：上海市佳和路765号50287087 开户行及账号：工商银行上海市辰建路支行			备注			

收款人：　　复核：高凯心　　开票人：杨华　　销售方：（章）

上海如家快捷酒店 91310101M541283020 发票专用章

第三联：发票联　购买方记账凭证

2－6

收 款 收 据

No. 337544 教学专用

2019 年 12 月 02 日

现金收讫

今收到 李彩云

交 来 预借差旅费剩余款

金额（大写） 零 拾 零 万 零 仟 叁 佰 贰 拾 壹 元 零 角 零 分

¥ 321.00

收款单位（公章）

北京宏达食品有限公司
财务专用章

第三联 记账

核准 张宏明 会计 学生 记账 学生 出纳 王晓娜 经办人

业务 3：12 月 03 日，欠款收回。

3－1

教学专用

交通银行　电汇凭证（收账通知）3

☑ 普通　☐ 加急　委托日期　2019 年 12 月 03 日　NO. 44628878

汇款人	全　称	南京万丰有限公司	收款人	全　称	北京宏达食品有限公司
	账　号	12419758903409		账　号	110002045290193842486
	汇出地点	江苏 省 南京 市/县		汇入地点	北京市 省 西城区 市/县
汇出行名称		交通银行南京分行	汇入行名称		交通银行北京西城支行
金额	人民币（大写）	壹拾贰万元整		千百十万千百十元角分	¥ 1 2 0 0 0 0 0 0
				支付密码	860480590787
		汇出行盖章		附加信息及用途：	
				复核　记账	

交通银行南京分行
2019.12.03
转讫

此联给收款人的收账通知

业务 4：12 月 04 日，材料验收入库。

4 – 1

入库单

No. 9602248

教学专用

供货单位：山东承天有限公司　　2019 年 12 月 04 日

编号	品名	规格	单位	数量	单价	金额	备注
0101	纯可可脂		kg	600	50.00	30,000.00	
0102	奶油		kg	500	62.00	31,000.00	
合计						61,000.00	

仓库主管：赵仓宝　记账：陈天财　保管：魏小波　经手人：魏小波　制单：魏小波

业务5：12月05日，销售产品，款项收回。

5-1

教学专用

购销合同

合同编号 25724099

购货单位（甲方）：北京玖智商贸有限公司

供货单位（乙方）：北京宏达食品有限公司

根据《中华人民共和国合同法》及国家相关法律、法规之规定，甲乙双方本着平等互利的原则，就甲方购买乙方货物一事达成以下协议。

一、货物的名称、数量及价格：

货物名称	规格型号	单位	数量	单价	金额	税率	价税合计
万醇巧克力		盒	2000	200.00	400,000.00	13%	452,000.00
奇幻饼干		盒	2000	100.00	200,000.00	13%	226,000.00
合计（大写）陆拾柒万捌仟元整							678,000.00

二、交货方式和费用承担：交货方式：销货方送货，交货时间：2019年12月05日前，交货地点：北京市飞妙路870号，运费由销售方承担。

三、付款时间与付款方式：2019年12月05日，网银支付

四、质量异议期：订货方对供货方的货物质量有异议时，应在收到货物后3天内提出，逾期视为货物量合格。

五、未尽事宜经双方协商可补充协议，与本合同具有同等效力。

六、本合同自双方签字、盖章后生效；本合同壹式贰份，甲乙双方各执壹份。

甲方（签章）：	乙方（签章）：
授权代表：杨玉	授权代表：苏宏达
地址：北京市飞妙路870号	地址：马连道中里16号
电话：14499234	电话：010-66206533
日期：2019年12月05日	日期：2019年12月05日

5－2

110015114　　**北京增值税专用发票**　　**№ 9363779**　　110015114 9363779

机器编号：982888812388　　此联不作报销、扣税凭证使用　　开票日期：2019年12月05日

税总函［2016］××号××××公司

购买方	名　　称：北京玖智商贸有限公司 纳税人识别号：914567812345690002 地址、电话：北京市飞妙路870号14499234 开户行及账号：交通银行北京通州支行12034456781253			密码区	172312-4-275 <1+46*54* 82*59* 181321> <8182*59*09618153 </ <4 <3*2702-9> 9*+153 </0 > 2-3 *08/4> *> > 2-3*0/9/> > 25-275 <1		
货物或应税劳务、服务名称	规格型号	单位	数量	单价	金额	税率	税额
*巧克力*万醇巧克力		盒	2000	200.00	400,000.00	13%	52,000.00
*饼干*奇幻饼干		盒	2000	100.00	200,000.00	13%	26,000.00
合　　计					¥600,000.00		¥78,000.00
价税合计（大写）	⊗陆拾柒万捌仟元整				（小写）¥678,000.00		
销售方	名　　称：北京宏达食品有限公司 纳税人识别号：911101020653628966 地址、电话：马连道中里16号010-66206533 开户行及账号：交通银行北京西城支行110002045290193842486			备注	校验码 52118 02817 08248 65199		

收款人：　　复核：陈天财　　开票人：王晓娜　　销售方：（章）

第一联：记账联　销售方记账凭记

教学专用

5－3

交通银行 网上银行电子回单

教学专用

电子回单号码：71852959934

付款人	户　名	北京玖智商贸有限公司	收款人	户　名	北京宏达食品有限公司
	账　号	12034456781253		账　号	110002045290193842486
	开户银行	交通银行北京通州支行		开户银行	交通银行北京西城支行
金　额		人民币（大写）：陆拾柒万捌仟元整			¥678,000.00
摘　要			业务种类		
用　途		货款			
交易流水号		86567160606843	时间戳		2019-12-05
		备注： 验证码：28987341			
记账网点	867	记账柜员 280		记账日期	2019年12月05日

交通银行 电子回单 专用章

打印日期：2019年12月05日

业务 6：12 月 06 日，采购材料，验收入库，并支付货款和运费。

6－1

教学专用

购 销 合 同

合同编号 81034922

购货单位（甲方）：北京宏达食品有限公司

供货单位（乙方）：河北中天有限公司

根据《中华人民共和国合同法》及国家相关法律、法规之规定，甲乙双方本着平等互利的原则，就甲方购买乙方货物一事达成以下协议。

一、货物的名称、数量及价格：

货物名称	规格型号	单位	数量	单价	金额	税率	价税合计
鸡蛋		kg	1000	11.00	11,000.00	13%	12,430.00
面粉		kg	1000	6.00	6,000.00	13%	6,780.00
合计（大写）壹万玖仟贰佰壹拾元整							19,210.00

二、交货方式和费用承担：交货方式：购货方自行提货，交货时间：2019年12月06日前，交货地点：廊坊固安县百际路753号，运费由购货方承担。

三、付款时间与付款方式：2019年12月06日，网银支付

________________.

四、质量异议期：订货方对供货方的货物质量有异议时，应在收到货物后________内提出，逾期视为货物质量合格。

五、未尽事宜经双方协商可作补充协议，与本合同具有同等效力。

六、本合同自双方签字、盖章日起生效；本合同壹式贰份，甲乙双方各执壹份。

甲方（签章）：		乙方（签章）：	
授权代表：	苏宏达	授权代表：	陈帅
地址：	马连道中里16号	地址：	廊坊固安县百际路753号
电话：	010-66206533	电话：	02790402
日期：	2019 年 12 月 06 日	日期：	2019 年 12 月 06 日

6－2

130015114

河北增值税专用发票

发票联

№ 4225572　130015114 4225572

教学专用

机器编号：982888812388　　　　开票日期：2019年12月06日

购买方	名　　称：北京宏达食品有限公司 纳税人识别号：911101020653628966 地址、电话：马连道中里16号010-66206533 开户行及账号：交通银行北京西城支行110002045290193842486			密码区	172312-4-275 <1+46*54* 82*59* 181321> <8182*59*09618153 </ <4 <3*2702-9> 9*+153 </0 >2-3 *08/4> *> >2-3*0/9/> >25-275 <1		
货物或应税劳务、服务名称	规格型号	单位	数量	单价	金额	税率	税额
*鸡蛋*鸡蛋		kg	1000	11.00	11,000.00	13%	1,430.00
*米、面制半成品*面粉		kg	1000	6.00	6,000.00	13%	780.00
合　　计					¥17,000.00		¥2,210.00
价税合计（大写）	⊗壹万玖仟贰佰壹拾元整				（小写）¥19,210.00		
销售方	名　　称：河北中天有限公司 纳税人识别号：950435618902512457 地址、电话：廊坊固安县百际路753号02790402 开户行及账号：交通银行河北廊坊分行12456702343731			备注	校验码 52118 02817 08243 65199		

收款人：　　　　复核：马秀　　　　开票人：陈帅　　　　销售方：（章）

第三联：发票联 购买方记账凭记

税总函［2016］××号××××公司

6－3

交通银行 网上银行电子回单

教学专用

电子回单号码：51823734199

付款人	户名	北京宏达食品有限公司	收款人	户名	河北中天有限公司
	账号	110002045290193842486		账号	12456702343731
	开户银行	交通银行北京西城支行		开户银行	交通银行河北廊坊分行
金额		人民币（大写）：壹万玖仟贰佰壹拾元整 ¥19,210.00			
摘要			业务种类		
用途		货款			
交易流水号		29395935764514	时间戳		2019-12-06
		备注： 验证码：24430051			
记账网点	567	记账柜员	980	记账日期	2019年12月06日

交通银行 电子回单 专用章

打印日期：2019年12月06日

6－4

税总函〔2016〕××号××××公司

110015114

北京增值税专用发票

发票联

№ 2979438　110015114 2979438

机器编号：982888812388　　开票日期：2019年12月06日

购买方	名　　称：北京宏达食品有限公司 纳税人识别号：911101020653628966 地址、电话：马连道中里16号010-66206533 开户行及账号：交通银行北京西城支行110002045290193842486			密码区	172312-4-275 <1+46*54* 82*59* 181321> <8182*59*09618153 </ <4 <3*2702-9> 9*+153 </0 > 2-3 *08/4> *> > 2-3*0/9/> > 25-275 <1		
货物或应税劳务、服务名称	规格型号	单位	数量	单价	金额	税率	税额
*交通运输服务*运输费		kg. km	4000	0.50	2,000.00	9%	180.00
合　　计					¥2,000.00		¥180.00
价税合计（大写）	⊗贰仟壹佰捌拾元整				（小写）¥2,180.00		
销售方	名　　称：韵达快运有限公司 纳税人识别号：91110101213000002B 地址、电话：北京市略泓路301号66444744 开户行及账号：交通银行北京东城分行92234895634175			备注	校验码 52118 02817 08248 65199		

收款人：　　复核：吴娟　　开票人：马玉　　销售方：（章）

第三联：发票联　购买方记账凭证

教学专用

6－5

交通银行 网上银行电子回单

教学专用

电子回单号码：76728532741

付款人	户名	北京宏达食品有限公司	收款人	户名	韵达快运有限公司
	账号	110002045290193842486		账号	92234895634175
	开户银行	交通银行北京西城支行		开户银行	交通银行北京东城分行
金额		人民币（大写）：贰仟壹佰捌拾元整			¥2,180.00
摘要			业务种类		
用途		运输费			
交易流水号		45391633325909	时间戳		2019-12-06
		备注： 验证码：87611804			
记账网点	726	记账柜员	140	记账日期	2019年12月06日

交通银行 电子回单 专用章

打印日期：2019年12月06日

6－6

入　库　单

No. 1008847

教学专用

供货单位：河北中天有限公司　　2019 年 12 月 06 日

编号	品名	规格	单位	数量	单位	金额	备注
0103	鸡蛋		kg	1000			含运费
0104	面粉		kg	1000			含运费
合计							

仓库主管：赵仓宝　记账：陈天财　保管：魏小波　经手人：魏小波　制单：魏小波

业务 7：12 月 07 日，支付前欠材料款。

7 – 1

教学专用

交通银行 电汇凭证（回单）1

☑普通 ☐加急 委托日期：2019 年 12 月 07 日 NO. 3037224

汇款人	全称	北京宏达食品有限公司	收款人	全称	山东承天有限公司
	账号	110002045290193842486		账号	24378191419721
	汇出地点	北京市 省 西城区 市/县		汇入地点	山东 省 济南 市/县
汇出行名称		交通银行北京西城支行	汇入行名称		交通银行济南历城支行
金额	人民币（大写）	捌万伍仟壹佰元整		千 百 十 万 千 百 十 元 角 分	¥ 8 5 1 0 0 0 0
交通银行北京西城支行 2019.12.07 转讫 汇出行盖章				支付密码	727924213618
				附加信息及用途：支付前欠材料款。 复核 记账	

此联汇出行给汇款人的回单

业务 8：12 月 08 日，通过银企税系统缴纳上月税费（增值税、城建税、教育费附加、地方教育费附加、个人所得税）。

8－1

交通银行

凭证　教学专用

电子缴税付款凭证

缴税日期：2019 年 12 月 08 日　　　　凭证字号：20100010

纳税人全称及纳税人识别号：北京宏达食品有限公司　　911101020653628966

付款人全称：北京宏达食品有限公司

付款人账号：110002045290193842486　　征收机关名称：国家税务总局北京市西城区税务局

付款人开户行：交通银行北京西城支行　　收款国库（银行）名称：国家金库北京西城区支库

小写（合计）金额：¥90,000.00　　缴款书交易流水号：21164321

大写（合计）金额：玖万元整　　税票号码：151084474218467444

税（费）种名称	所属日期		实缴金额（单位：元）
增值税	20191101	20191130	¥90,000.00

交通银行
北京西城区支行
2019.12.08
业务专用章

第　　次打印　　　　打印时间：2019 年 12 月 08 日

客户回单联　　验证码：781887　　复核：　　记账：

8－2

交通银行

凭证　教学专用

电子缴税付款凭证

缴税日期：2019 年12月 08 日　　　　凭证字号：20100011

纳税人全称及纳税人识别号：北京宏达食品有限公司　　91110102065362896 6

付款人全称：北京宏达食品有限公司

付款人账号：110002045290193842486　　征收机关名称：国家税务总局北京市西城区税务局

付款人开户行：交通银行北京西城支行　　收款国库（银行）名称：国家金库北京西城区支库

小写（合计）金额：¥10,800.00　　缴款书交易流水号：21164322

大写（合计）金额：壹万零捌佰元整　　税票号码：151084474218467445

税（费）种名称	所属日期		实缴金额（单位：元）
城市维护建设税	20191101	20191130	¥6,300.00
教育费附加	20191101	20191130	¥7,700.00
地方教育费附加	20191101	20191130	¥1,800.00

交通银行
北京西城区支行
2019.12.08
业务专用章

第　　次打印　　打印时间：2019 年 12 月 08 日

客户回单联　　验证码：730015　　复核：　　记账：

8－3

交通银行

凭证 教学专用

电子缴税付款凭证

缴税日期：2019 年12月 08 日　　　　凭证字号：20100012

纳税人全称及纳税人识别号：北京宏达食品有限公司　　911101020653628966

付款人全称：北京宏达食品有限公司

付款人账号：110002045290193842486　　征收机关名称：国家税务总局北京市西城区税务局

付款人开户行：交通银行北京西城支行　　收款国库（银行）名称：国家金库北京西城区支库

小写（合计）金额：¥3,900.00　　缴款书交易流水号：21164323

大写（合计）金额：叁仟玖佰元整　　税票号码：151084474218467446

税（费）种名称	所属日期		实缴金额（单位：元）
增值税	20191101	20191130	¥3,900.00

交通银行
北京西城区支行
2019.12.08
业务专用章

第　　次打印　　　　打印时间：2019 年 12 月 08 日

客户回单联　　验证码：730015　　复核：　　记账：

业务 9：12 月 09 日，支付广告费，开具支票付款（自己填写）。

9－1

110015114　　**北京增值税专用发票**　　№ 3298078　110015114 3298078

发票联　　教学专用

机器编号：982888812388　　开票日期：2019年12月09日

购买方	名　　称：北京宏达食品有限公司 纳税人识别号：911101020653628966 地址、电话：马连道中里16号010-66206533 开户行及账号：交通银行北京西城支行110002045290193842486	密码区：172312-4-275 <1+46*54* 82*59* 181321> <8182*59*09618153 </ <4 <3*2702-9> 9*+153 </0 > 2-3 *08/4> *> > 2-3*0/9/> > 25-275 <1

货物或应税劳务、服务名称	规格型号	单位	数量	单价	金额	税率	税额
*广告服务*广告费		次	1	94,339.62	94,339.62	6%	5,660.38
合　　计					¥94,339.62		¥5,660.38
价税合计（大写）	⊗ 壹拾万元整				（小写）¥100,000.00		

销售方	名　　称：北京未来文化传媒有限公司 纳税人识别号：91110102M933056298 地址、电话：北京市华波路620号98464304 开户行及账号：工商银行北京市创旭路支行	备注：校验码 52118 02817 08243 65199

收款人：　　复核：高义鹤　　开票人：吴姣　　销售方：（章）

第三联：发票联　购买方记账凭记

税总函［2016］××号××××公司

9－2

交通银行
转账支票存根

30101120
15155522

附加信息
______
______
______

出票日期　　年　月　日

收款人:
金　额:
用　途:

单位主管　　会计

海南华森印务有限公司·2011年印制

付款期限自出票之日起十天

交通银行 转账支票

30101120
15155522

出票日期（大写）　　年　月　日　　付款行名称:
收款人:　　出票人账号:

人民币（大写）	亿	千	百	十	万	千	百	十	元	角	分

用途 ______　　密码 7383534129788405

上列款项请从
我账户内支付
出票人签章　　复核　　记账

附加信息：	被背书人	被背书人
	背书人签章 年 月 日	背书人签章 年 月 日

××印制有限公司·××年印制

（贴粘单处）

教学专用

根据《中国人民共和国票据法》等法律法规的规定，签发空头支票由中华人民银行处以票面金额5%单不低于1000元的罚款。

业务 10：12 月 10 日，销售产品，网银收款。

10－1

教学专用

购销合同

合同编号　05487314

购货单位（甲方）：山东家家乐有限公司

供货单位（乙方）：北京宏达食品有限公司

根据《中华人民共和国合同法》及国家相关法律、法规之规定，甲乙双方本着平等互利的原则，就甲方购买乙方货物一事达成以下协议。

一、货物的名称、数量及价格：

货物名称	规格型号	单位	数量	单价	金额	税率	价税合计
万醇巧克力		盒	1000	210.00	210,000.00	13%	237,300.00
奇幻饼干		盒	1000	120.00	120,000.00	13%	135,600.00
合计（大写）叁拾柒万贰仟玖佰元整							372,900.00

二、交货方式和费用承担：交货方式：销货方送货，交货时间：2019年12月10日前，交货地点：济南历下区沃骄路718号，运费由销货方承担。

三、付款时间与付款方式：2019年12月10日，网银付款

四、质量异议期：订货方对供货方的货物质量有异议时，应在收到货物后3天内提出，逾期视为货物质量合格。

五、未尽事宜经双方协商可补充协议，与本合同具有同等效力。

六、本合同自双方签字、盖章后生效，本合同壹式贰份，甲乙双方各执壹份。

甲方（签章）：		乙方（签章）：	
授权代表：	杨秀	授权代表：	苏宏达
地址：	济南历下区沃骄路718号	地址：	马连道中里16号
电话：	18231388	电话：	010-66206533
日期：	2019 年 12 月 10 日	日期：	2019 年 12 月 10 日

10 －2

110015114

北京增值税专用发票

此联不作报销、扣税凭证使用

№ 2102378　110015114　2102378

教学专用

机器编号：982888812388　　开票日期：2019年12月10日

税总函［2016］××号××××公司

购买方	名　　称：山东家家乐有限公司 纳税人识别号：912436523456172516 地 址、电 话：济南历下区沃骄路718号18231388 开户行及账号：交通银行洪山路支行12303413241346				密码区	172312-4-275 <1+46*54* 82*59* 181321> <8182*59*09618153 </ <4 <3*2702-9> 9*+153 </0 >2-3 *08/4> *> >2-3*0/9/> >25-275 <1	
货物或应税劳务、服务名称	规格型号	单位	数量	单价	金额	税率	税额
*巧克力*万醇巧克力		盒	1000	210.00	210,000.00	13%	27,300.00
*饼干*奇幻饼干		盒	1000	120.00	120,000.00	13%	15,600.00
合　　计					¥330,000.00		¥42,900.00
价税合计（大写）	⊗ 叁拾柒万贰仟玖佰元整				（小写）¥372,900.00		
销售方	名　　称：北京宏达食品有限公司 纳税人识别号：911101020653628966 地 址、电 话：马连道中里16号010-66206533 开户行及账号：交通银行北京西城支行110002045290193842486				备注	校验码 52118 02817 08248 65199	

收款人：　　复核：陈天财　　开票人：王晓娜　　销售方：（章）

第三联：发票联　购买方记账凭证

10－3

交通银行 网上银行电子回单

教学专用

电子回单号码：75380419670

付款人	户名	山东家家乐有限公司	收款人	户名	北京宏达食品有限公司
	账号	12303413241346		账号	110002045290193842486
	开户银行	交通银行洪山路支行		开户银行	交通银行北京西城支行
金额		人民币（大写）：叁拾柒万贰仟玖佰元整			¥372，900.00元
摘要			业务种类		
用途		货款			
交易流水号		44942610245177	时间戳		2019-12-10
		备注： 验证码：48997736			
记账网点	431	记账柜员	381	记账日期	2019年12月10日

打印日期：2019年12月10日

交通银行 校 电子回单 专用章

业务 11：12 月 11 日，支付并分配电费。

11－1

教学专用

电费分配表

2019 年 12 月 11 日 单位：元

使用部门	分配金额
行政部	200.00
财务部	300.00
销售部	200.00
采购部	300.00
仓管部	200.00
生产部	2,800.00
合 计	4,000.00

11 – 2

110015114

北京增值税专用发票

北京

发票联

№ 7931276

110015114
7931276

机器编号：982888812388

开票日期：2019年12月11日

教学专用

购买方	名　　称：北京宏达食品有限公司 纳税人识别号：911101020653628966 地 址、电 话：马连道中里16号010-66206533 开户行及账号：交通银行北京西城支行110002045290193842486	密码区	172312-4-275 <1+46*54* 82*59* 181321> <8182*59*09618153 </ <4 <3*2702-9> 9*+153 </0 >2-3 *08/4> *> >2-3*0/9/> >25-275 <1

货物或应税劳务、服务名称	规格型号	单位	数 量	单 价	金 额	税率	税 额
*供电*电费		千瓦时	5000	0.80	4,000.00	13%	520.00
合　　计					¥4,000.00		¥520.00
价税合计（大写）	⊗ 肆仟伍佰贰拾元整				（小写）¥4,520.00		

销售方	名　　称：北京电力集团有限公司 纳税人识别号：91110105M101093575 地 址、电 话：北京市皇泽路260号16168932 开户行及账号：工商银行北京市纳文路支行	备注	校验码 52118 02817 08248 65199

北京电力集团有限公司 91110105M101093575 发票专用章

收款人：　　复核：梁金　　开票人：赵少军　　销售方：（章）

第三联：发票联 购买方记账凭记

税总函［2016］××号××××公司

11－3

教学专用

同城委托收款凭证（付款通知）

特约

委托日期：2019 年 12 月 11 日

委收号码：93844630

第 03 号

付款人	全称	北京宏达食品有限公司	收款人	全称	北京电力集团有限公司
	账号	1100020452901938424486		账号	8373505906862395993
	开户银行	交通银行北京西城支行		开户银行	工行北京市纳文路支行
金额	人民币（大写）	肆仟伍佰贰拾元整		千百十万千百十元角分	¥452000
款项内容	电费	委托收款凭据名称	合同20190101005	附寄单证张数	
备注：			收款人开户行盖章 2019 年 12 月 11 日		

工商银行北京市纳文路支行 2019.12.11 转讫

此联付款人开户银行给付款人按时付款的通知

业务 12：12 月 12 日，报销差旅费。

12 – 1

教学专用

差旅费报销单

部门 销售部　　　　2019 年 12 月 12 日

出差人	唐述思								出差事由		商务洽谈				
出发				到达				交通工具	交通费		出差补贴		其他费用		
月	日	时	地点	月	日	时	地点		单据张数	金额	天数	金额	项目	单据张数	金额
12	02		北京	12	02		南京	火车	1	443.50	1	100.00	住宿费	1	954.00
12	05		南京	11	05		北京	火车	1	443.50	1	100.00	市内车费		
													邮电费		
													办公用品费		
													不买卧铺补贴		
													其他		
合计									2	¥887.00		¥200.00		1	¥954.00
报销总额	人民币（大写）	贰仟零肆拾壹元整							预借金额	¥2,000.00			补领金额	¥41.00	
													退还金额		

附件 3 张

主管　　　　审核 张宏明　　　　出纳 王晓娜　　　　领款人 唐述思

12－2

110015114

北京增值税专用发票

发票联

№ 2075836 110015114 2075836

机器编号：982888812388

开票日期：2019年12月05日

税总函［2016］××号××××公司

购买方	名称：北京宏达食品有限公司 纳税人识别号：911101020653628966 地址、电话：马连道中里16号010-66206533 开户行及账号：交通银行北京西城支行110002045290193842486	密码区	172312-4-275 <1+46*54* 82*59* 181321> <8182*59*09618153 </ <4 <3*2702-9> 9*+153 </0 > 2-3 *08/4> *> > 2-3*0/9/> > 25-275 <1

货物或应税劳务、服务名称	规格型号	单位	数量	单价	金额	税率	税额
*住宿服务*住宿费		天	3	300.00	900.00	6%	54.00
合计					¥900.00		¥54.00
价税合计（大写）	⊗玖佰伍拾肆元整				（小写）¥954.00		

销售方	名称：南京汉庭快捷酒店 纳税人识别号：91320102M031425029 地址、电话：南京玄武区宝旺路718号61068277 开户行及账号：工商银行南京玄武区沃郎路支行7678830558288206617	备注	校验码 52118 02817 08248 65199

收款人： 复核：何华 开票人：孙姿 销售方：（章）

第三联：发票联 购买方记账凭记

教学专用

12 –3

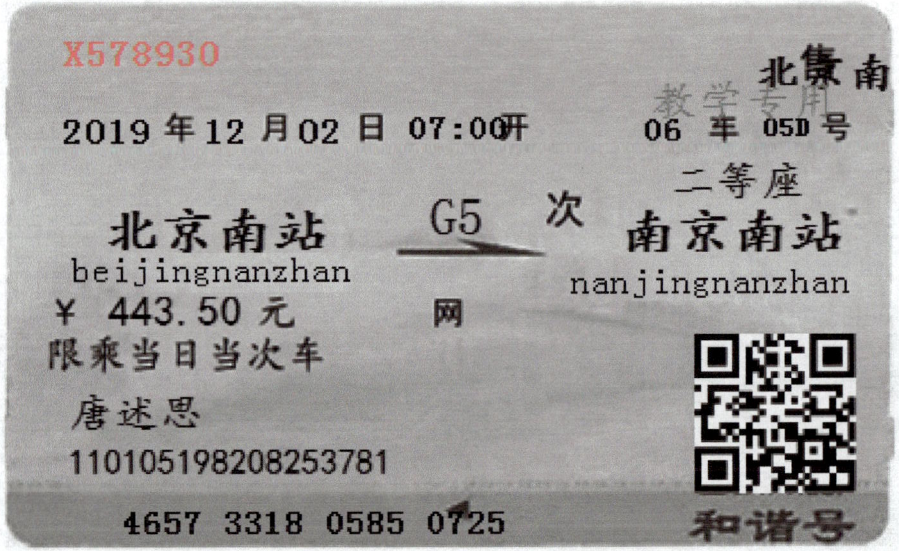
X578930
北京南
教学专用
2019年12月02日 07:00开
06 车 05D 号
二等座
北京南站
G5 次
南京南站
beijingnanzhan
nanjingnanzhan
¥ 443.50 元
网
限乘当日当次车
唐述恩
110105198208253781
4657 3318 0585 0725
和谐号

12 –4

X578932
北京南
教学专用
2019年12月05日 12:50开
08 车 08D 号
二等座
南京南站
G130 次
北京南站
nanjingnanzhan
beijingnanzhan
¥ 443.50 元
网
限乘当日当次车
唐述恩
110105198208253781
4657 3318 0585 0725
和谐号

业务 13：12 月 13 日，购买材料，支付款项（电汇），材料验收入库。

13－1

教学专用

购 销 合 同

合同编号 37101186

购货单位（甲方）：北京宏达食品有限公司

供货单位（乙方）：山东承天有限公司

根据《中华人民共和国合同法》及国家相关法律、法规之规定，甲乙双方本着平等互利的原则，就甲方购买乙方货物一事达成以下协议。

一、货物的名称、数量及价格：

货物名称	规格型号	单位	数量	单价	金额	税率	价税合计
纯可可脂		kg	200	51.00	10,200.00	13%	11,526.00
奶油		kg	300	61.00	18,300.00	13%	20,679.00
合计（大写） 叁万贰仟贰佰零伍元整							32,205.00

二、交货方式和费用承担：交货方式：销货方送货，交货时间：2019年12月13日前，交货地点：北京市马连道中里16号，运费由销货方承担。

三、付款时间与付款方式：2019年12月13日，电汇

四、质量异议期：订货方对供货方的货物质量有异议时，应在收到货物后____内提出，逾期视为货物量合格。

五、未尽事宜经双方协商可补充协议，与本合同具有同等效力。

六、本合同自双方签字、盖章日起生效；本合同壹式贰份，甲乙双方各执壹份。

甲方（签章）：	乙方（签章）：
授权代表：苏宏达	授权代表：李梓涵
地址：马连道中里16号	地址：济南历城区邦迅路568号
电话：010-66206533	电话：82291626
日期：2019 年 12 月 13 日	日期：2019 年 12 月 13 日

13 – 2

370015114

山东增值税专用发票

发票联

№ 7579956　370015114 7579956

教学专用

机器编号：982888812388

开票日期：2019年12月13日

购买方	名　　称：北京宏达食品有限公司 纳税人识别号：911101020653628966 地址、电话：马连道中里16号010-66206533 开户行及账号：交通银行北京西城支行110002045290193842486			密码区	172312-4-275 <1+46*54* 82*59* 181321> <8182*59*09618153 </ <4 <3*2702-9> 9*+153 </0 >2-3 *08/4> *> >2-3*0/9/> >25-275 <1		
货物或应税劳务、服务名称	规格型号	单位	数量	单价	金额	税率	税额
*巧克力*纯可可脂		kg	200	51.00	10,200.00	13%	1,326.00
*食用植物油脂*奶油		kg	300	61.00	18,300.00	13%	2,379.00
合　　计					¥28,500.00		¥3,705.00
价税合计（大写）	⊗叁万贰仟贰佰零伍元整				（小写）¥32,205.00		
销售方	名　　称：山东承天有限公司 纳税人识别号：913701059084455782 地址、电话：济南历城区邦迅路568号82291626 开户行及账号：交通银行济南历城支行24378191419721			备注	校验码 52118 02817 08248 65199		

收款人：　　复核：朱笑玮　　开票人：李梓涵　　销售方：（章）

税总函［2016］××号××××公司

第三联：发票联　购买方记账凭记

13－3

教学专用

交通银行 电汇凭证（回单）1

☑普通 ☐加急 委托日期：2019 年 12 月 13 日 NO. 4387715

汇款人	全称	北京宏达食品有限公司	收款人	全称	山东承天有限公司
	账号	110002045290193842486		账号	24378191419721
	汇出地点	北京市 省 西城区 市/县		汇入地点	山东 省 济南 市/县
汇出行名称		交通银行北京西城支行	汇出行名称		交通银行济南历城支行
金额	人民币（大写）	叁万贰仟贰佰零伍元整			¥3220500（千 百 十 万 千 百 十 元 角 分）
			支付密码		017792556061
		汇出行盖章	附加信息及用途：		复核 记账

交通银行北京西城支行 2019.12.13 转讫

此联汇出行给汇款人的回单

13－4

入　库　单

No. 4304597　教学专用

供货单位：山东承天有限公司　　2019 年 12 月 13 日

编　号	品　名	规　格	单位	数　量	单　价	金　额	备　注
0101	纯可可脂		kg	200	51.00	10,200.00	
0102	奶油		kg	300	61.00	18,300.00	
合				计		28,500.00	

仓库主管：赵仓宝　记账：陈天财　保管：魏小波　经手人：魏小波　制单：魏小波

业务 14：12 月 14 日：发放上月工资，填制银行代发工资的转账支票、进账单。

14－1

中国工商银行
转账支票存根
10201120
77627787
附加信息

出票日期 年 月 日

收款人：
金 额：
用 途：

单位主管 会计

中国工商银行 转账支票 10201120 77627787

出票日期（大写） 年 月 日 付款行名称：

收款人： 出票人账号：

付款期限自出票之日起十天

人民币（大写）	亿	千	百	十	万	千	百	十	元	角	分

用途＿＿＿＿＿＿ 密码 6254951622034836

上列款项请从
我账户内支付
出票人签章 复核 记账

14－2

××印制有限公司，××年印制

附加信息：	被背书人	被背书人
	背书人签章 年　月　日	背书人签章 年　月　日

（贴粘单处）

教学专用

根据《中国人民共和国票据法》等法律法规的规定，签发空头支票由中华人民银行处以票面金额5%单不低于1000元的罚款。

14－3

交通银行　进账单（回　单）　1

教学专用

年　月　日　　No. 34263845

<table>
<tr><td rowspan="3">出票人</td><td>全　称</td><td></td><td rowspan="3">收款人</td><td>全　称</td><td colspan="11"></td></tr>
<tr><td>账　号</td><td></td><td>账　号</td><td colspan="11"></td></tr>
<tr><td>开户银行</td><td></td><td>开户银行</td><td colspan="11"></td></tr>
<tr><td rowspan="2">金额</td><td colspan="4" rowspan="2">人民币
（大写）</td><td>亿</td><td>千</td><td>百</td><td>十</td><td>万</td><td>千</td><td>百</td><td>十</td><td>元</td><td>角</td><td>分</td></tr>
<tr><td></td><td></td><td></td><td></td><td></td><td></td><td></td><td></td><td></td><td></td><td></td></tr>
<tr><td colspan="2">票据种类</td><td>　票据张数</td><td colspan="13" rowspan="3">交通银行
2019.12.14
转讫

开户银行签章</td></tr>
<tr><td colspan="2">票据号码</td><td></td></tr>
<tr><td colspan="3">

复核　　　　记账</td></tr>
</table>

此联是开户银行交给持（出）票人的回单

14－4

工资汇总表

教学专用

2019 年 11 月 30 日

单位：元

部　门	应付工资	代扣款项						实发工资
		养老保险（8%）	医疗保险（2%+3）	失业保险（0.2%）	住房公积金（12%）	个人所得税	合　计	
行政部	17,355.78	1,388.4	350.12	34.71	2,082.69	810.00	4,665.98	12,689.80
财务部	14,400.00	1,152.0	291.00	28.80	1,728.00	564.00	3,763.80	10,636.20
销售部	23,000.00	1,840.0	463.00	46.00	2,760.00	970.00	6,079.00	16,921.00
采购部	13,000.00	1,040.0	263.00	26.00	1,560.00	520.00	3,409.00	9,591.00
仓管部	12,000.00	960.00	243.00	24.00	1,440.00	500.00	3,167.00	8,833.00
生产部	14,000.00	1,120.0	283.00	28.00	1,680.00	536.00	3,647.00	10,353.00
合　计	93,755.78	7,500.4	1,893.12	187.51	11,250.69	3,900.0	24,731.78	69,000.00

总经理：苏宏达　　　财务主管：张宏明　　　制表：陈天财

业务 15：12 月 15 日，提现 2 万元备用（填写现金支票）。

15－1

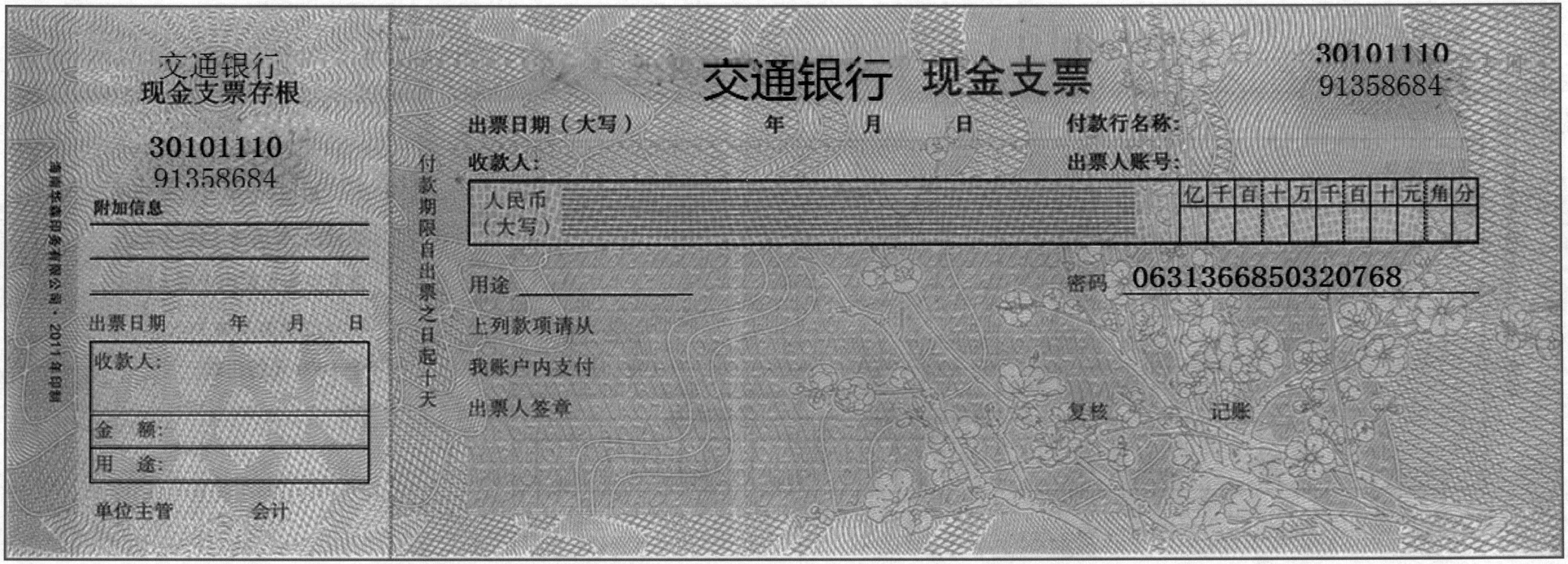
交通银行
现金支票存根
30101110
91358684
附加信息
出票日期 年 月 日
收款人：
金 额：
用 途：
单位主管 会计

付款期限自出票之日起十天

交通银行 现金支票
30101110
91358684
出票日期（大写） 年 月 日 付款行名称：
收款人： 出票人账号：
人民币（大写） 亿 千 百 十 万 千 百 十 元 角 分
用途 密码 0631366850320768
上列款项请从
我账户内支付
出票人签章 复核 记账

15 -2

附加信息：

收款人签章

年　月　日

身份证件名称：　　　　发证机关：

号码

（贴粘单处）

教学专用

根据《中国人民共和国票据法》等法律法规的规定，签发空头支票由中国人民银行处以票面金额5%但不低于1000元的罚款。

业务 16：12 月 16 日，预付材料款。

16－1

交通银行 网上银行电子回单　　教学专用

电子回单号码：28978554906

付款人	户名	北京宏达食品有限公司	收款人	户名	山东承天有限公司
	账号	110002045290193842486		账号	24378191419721
	开户银行	交通银行北京西城支行		开户银行	交行济南历城支行
金额		人民币（大写）：肆万伍仟贰佰元整			¥45,200.00 元
摘要			业务种类		
用途		预付材料款			
交易流水号		60298735693002	时间戳		2019-12-16
		备注：			
		验证码：55342751			
记账网点	976	记账柜员	826	记账日期	2019年12月16日

交通银行 电子回单 专用章

打印日期：2019年12月16日

业务 17：12 月 17 日，对外捐款。

17 – 1

教学专用

付款申请书

2019年 12 月 17 日填　　　　字　　　　号

收款单位	中国教育发展基金会北京分会		付款原因
账　　号	41002041052486985601		对外捐赠
开 户 行	中国工商银行北京海淀分行		
金　　额	零佰零拾贰万零仟零佰零拾零元零角零分		
附件　　张		金额（小写）¥20,000.00	
审批 苏宏达		财务 张宏明	

财务主管：张宏明　　记账：陈天财　　复核：张宏明　　出纳：王晓娜　　制单：陈天财

17－2

教学专用

公共事业捐赠统一票据

UNIFIED INVOICE OF DONATION FOR PUBLIC WELFARE

国财

捐赠人Donor：北京宏达食品有限公司　　2019年 12 月 17 日 Y M D　　No 57437029

捐赠项目 For purpose	实物（外币）种类 Material object(curency)	数量 Amount	金额 Total amount
助学救助款	人民币		20,000.00
金额合计（小写）in figures ¥20,000.00			
金额合计（大写）in words 贰万元整			

第二联　收据

接受单位（盖章）：Receiver's Seal　　复核人：Verified by　　开票人：Handling Person

感谢您对公益事业的支持！Thank you for support of public welfare!

17－3

教学专用

交通银行　电汇凭证（回单）1

☑普通　☐加急　　委托日期：2019 年 12 月 17 日　　NO. 8063073

汇款人	全　称	北京宏达食品有限公司	收款人	全　称	中国教育发展基金会北京分会
	账　号	110002045290193842486		账　号	410020410524869856O1
	汇出地点	北京市 省 西城区 市/县		汇入地点	北京 省 北京 市/县
汇出行名称		交通银行北京西城支行	汇出行名称		中国工商银行北京海淀分行
金额	人民币（大写）	贰万元整			千 百 十 万 千 百 十 元 角 分 ¥ 2 0 0 0 0 0 0
				支付密码	229509177306
		汇出行盖章		附加信息及用途：	复核　记账

交通银行北京西城支行 2019.12.17 转讫

此联汇出行给汇款人的回单

业务 18：12 月 18 日，购买材料，款项已预付，材料验收入库。

18－1

370015114

山东增值税专用发票

发票联

№ 2577470　370015114 2577470

教学专用

机器编号：982888812388　　开票日期：2019年12月18日

税总函〔2016〕××号××××公司

购买方	名　　称：北京宏达食品有限公司 纳税人识别号：911101020653628966 地址、电话：马连道中里16号010-66206533 开户行及账号：交通银行北京西城支行110002045290193842486			密码区	172312-4-275 <1+46*54* 82*59* 181321> <8182*59*09618153 </ <4 <3*2702-9> 9*+153 </0 >2-3 *08/4> *> >2-3*0/9/> >25-275 <1		
货物或应税劳务、服务名称	规格型号	单位	数量	单价	金额	税率	税额
*巧克力*纯可可脂		kg	400	51.25	20,500.00	13%	2,665.00
*食用植物油脂*奶油		kg	300	65.00	19,500.00	13%	2,535.00
合　　计					¥40,000.00		¥5,200.00
价税合计（大写）	⊗肆万伍仟贰佰元整				（小写）¥45,200.00		
销售方	名　　称：山东承天有限公司 纳税人识别号：913701059084455782 地址、电话：济南历城区邦迅路568号82291626 开户行及账号：交通银行济南历城支行24378191419721			备注	校验码 52118 02817 08248 65199		

收款人：　　复核：朱笑玮　　开票人：李梓涵　　销售方：（章）

第三联：发票联　购买方记账凭证

18－2

入 库 单

No. 2731971

教学专用

供货单位：山东承天有限公司　　　　2019 年 12 月 18 日

编号	品名	规格	单位	数量	单价	金额	备注
0101	纯可可脂		kg	400	51.25	20,500.00	
0102	奶油		kg	300	65.00	19,500.00	
合计						40,000.00	

仓库主管：赵仓宝　　记账：陈天财　　保管：魏小波　　经手人：魏小波　　制单：魏小波

业务 19：12 月 19 日，购买计算机及打印机设备，网银付款。

19 – 1

110015114

北京增值税专用发票

发票联

№ 3743481　110015114 3743481

机器编号：982888812388　　开票日期：2019年12月19日

购买方	名　　称：北京宏达食品有限公司 纳税人识别号：911101020653628966 地址、电话：马连道中里16号010-66206533 开户行及账号：交通银行北京西城支行110002045290193842486				密码区	172312-4-275 <1+46*54* 82*59* 181321> <8182*59*09618153 </ <4 <3*2702-9> 9*+153 </0 > 2-3 *08/4> *> > 2-3*0/9/> > 25-275 <1	
货物或应税劳务、服务名称	规格型号	单位	数量	单价	金额	税率	税额
*电子计算机整机*计算机	Lenovo天逸510Pro	台	2	4,998.00	9,996.00	13%	1,299.48
*输出设备及装置*打印机	惠普（HP）136w	台	2	1,298.00	2,596.00	13%	337.48
合　　计					¥12,592.00		¥1,636.96
价税合计（大写）	⊗壹万肆仟贰佰贰拾捌元玖角陆分				(小写)¥14,228.96		
销售方	名　　称：北京联想信息技术有限公司 纳税人识别号：91110108M204124531 地址、电话：北京市美馨路891号26471028 开户行及账号：工商银行北京市新途路支行				备注	校验码 52118 02817 08248 65199	

收款人：　　复核：郭春　　开票人：黄微松　　销售方：（章）

税总函［2016］××号××××公司

第三联：发票联　购买方记账凭记

教学专用

19－2

交通银行 网上银行电子回单

教学专用

电子回单号码：67165577964

付款人	户名	北京宏达食品有限公司	收款人	户名	北京联想信息技术有限公司
	账号	110002045290193842486		账号	930482466870681992 7
	开户银行	交通银行北京西城支行		开户银行	工商银行北京市新途路支行
金额		人民币（大写）：壹万肆仟贰佰贰拾捌元玖角陆分			¥14,228.96元
摘要			业务种类		
用途		计算机及打印机款			
交易流水号		52200593798830	时间戳		2019-12-19
		备注： 验证码：94520774			
记账网点	524	记账柜员	002	记账日期	2019年12月19日

打印日期：2019年12月19日

交通银行 电子回单 专用章

19－3

教学专用

固定资产验收单

2019 年 12 月 19 日　　　　编号：20192052

<table>
<tr><td>名称</td><td colspan="2">规格型号</td><td>来源</td><td>数量</td><td>购（造）价</td><td>使用年限</td><td>预计残值</td></tr>
<tr><td>计算机</td><td colspan="2">Lenovo天逸510Pro</td><td>外购</td><td>2</td><td>4,998.00</td><td>5</td><td>98.00</td></tr>
<tr><td>安装费</td><td colspan="2">月折旧率</td><td colspan="2">建造单位</td><td>交工日期</td><td colspan="2">附件</td></tr>
<tr><td></td><td colspan="2"></td><td colspan="2">联想</td><td>2019年12月19日</td><td colspan="2"></td></tr>
<tr><td>验收部门</td><td>行政部</td><td>验收人员</td><td>郑小龙</td><td>管理部门</td><td>行政部</td><td>管理人员</td><td>郑小龙</td></tr>
<tr><td>备注</td><td colspan="7"></td></tr>
</table>

审核：张宏明　　制单：陈天财

19－4

教学专用

固定资产验收单

2019 年 12 月 19 日　　　　编号：20192053

名称	规格型号		来源	数量	购（造）价	使用年限	预计残值
打印机	HP136w		外购	2	1,298.00	5	48.00
安装费	月折旧率		建造单位		交工日期	附件	
			惠普		2019年12月19日		
验收部门	行政部	验收人员	郑小龙	管理部门	行政部	管理人员	郑小龙
备注							

审核：张宏明　　制单：陈天财

业务 20：12 月 20 日，销售产品，款项收回（转支）。

20－1

教学专用

购 销 合 同

合同编号　58267879

购货单位（甲方）：北京玖智商贸有限公司

供货单位（乙方）：北京宏达食品有限公司

根据《中华人民共和国合同法》及国家相关法律、法规之规定，甲乙双方本着平等互利的原则，就甲方购买乙方货物一事达成以下协议。

一、货物的名称、数量及价格：

货物名称	规格型号	单位	数量	单价	金额	税率	价税合计
万醇巧克力		盒	2000	199.00	398,000.00	13%	449,740.00
奇幻饼干		盒	2000	103.00	206,000.00	13%	232,780.00
合计（大写）　陆拾捌万贰仟伍佰贰拾元整							682,520.00

二、交货方式和费用承担：交货方式：购货方自行提货，交货时间：2019年12月20日前，交货地点：北京市飞妙路870号，运费由购货方承担。

三、付款时间与付款方式：2019年12月20日，转账支票付款。

四、质量异议期：订货方对供货方的货物质量有异议时，应在收到货物后＿＿＿＿内提出，逾期视为货物质量合格。

五、未尽事宜经双方协商可补充协议，与本合同具有同等效力。

六、本合同自双方签字、盖章后生效；本合同壹式贰份，甲乙双方各执壹份。

甲方（签章）：（印章：北京玖智商贸有限公司）

授权代表：杨玉

地　　址：北京市飞妙路870号

电　　话：14499234

日　　期：2019 年 12 月 20 日

乙方（签章）：（印章：北京宏达食品有限公司）

授权代表：苏宏达

地　　址：马连道中里16号

电　　话：010-66206533

日　　期：2019 年 12 月 20 日

20－2

110015114

北京增值税专用发票

№ 4692917　110015114 4692917

此联不作报销、扣税凭证使用

机器编号：982888812388　　开票日期：2019年12月20日

税总函［2016］××号××××公司

购买方	名　　称：北京玖智商贸有限公司 纳税人识别号：914567812345690002 地 址、电 话：北京市飞妙路870号14499234 开户行及账号：交通银行北京通州支行12034456781253	密码区	172312-4-275 <1+46*54* 82*59* 181321> <8182*59*09618153 </ <4 <3*2702-9> 9*+153 </0 > 2-3 *08/4> *> > 2-3*0/9/> > 25-275 <1

货物或应税劳务、服务名称	规格型号	单位	数量	单价	金额	税率	税额
*巧克力*万醇巧克力		盒	2000	199.00	398,000.00	13%	51,740.00
*饼干*奇幻饼干		盒	2000	103.00	206,000.00	13%	26,780.00
合　计					¥604,000.00		¥78,520.00
价税合计（大写）	⊗陆拾捌万贰仟伍佰贰拾元整				（小写）¥682,520.00		

销售方	名　　称：北京宏达食品有限公司 纳税人识别号：911101020653628966 地 址、电 话：马连道中里16号010-66206533 开户行及账号：交通银行北京西城支行110002045290193842486	备注	校验码 52118 02817 08248 65199

收款人：　　复核：陈天财　　开票人：王晓娜　　销售方：（章）

第一联：记账联　销售方记账凭证

教学专用

20－3

交通银行　进账单（收账通知）　3

教学专用

No. 52795175

2019 年 12 月 20 日

出票人	全　称	北京玖智商贸有限公司	收款人	全　称	北京宏达食品有限公司
	账　号	12034456781253		账　号	110002045290193842486
	开户银行	交行北京通州支行		开户银行	交通银行北京西城支行
金额	人民币（大写）	陆拾捌万贰仟伍佰贰拾元整			亿 千 百 十 万 千 百 十 元 角 分 ¥ 6 8 2 5 2 0 0 0
票据种类	转账支票	票据张数	1		
票据号码	62787215				
复核　　记账				交通银行北京西城支行 2019.12.20 转讫 收款人开户银行签章	

此联是收款人开户银行交给收款人的收账通知

业务 21：12 月 21 日，销售部报销销售商品运费。

21－1

教学专用

费用报销单

报销部门：销售部　　2019 年 12 月 21 日填　　单据及附件共____页

用途	金额（元）	备注	现金报销　现金付讫		
销售产品运费	981.00				
		部门审核		领导审批	苏宏达
合计	¥981.00				
金额大写：零拾零万零仟玖佰捌拾壹元零角零分		原借款：　元		应退余款：¥-981.00 元	

会计主管 张宏明　　会计 陈天财　　出纳 王晓娜　　报销人 唐述思　　领款人 唐述思

21－2

110015114

北京增值税专用发票

北京

发票联

№ 3355172　110015114
3355172

教学专用

机器编号：982888812388

开票日期：2019年12月21日

税总函［2016］××号××××公司

购买方	名　　称：北京宏达食品有限公司 纳税人识别号：911101020653628966 地址、电话：马连道中里16号010-66206533 开户行及账号：交通银行北京西城支行110002045290193842486	密码区	172312-4-275 <1+46*54* 82*59* 181321> <8182*59*09618153 </ <4 <3*2702-9> 9*+153 </0 > 2-3 *08/4> *> > 2-3*0/9/> > 25-275 <1

货物或应税劳务、服务名称	规格型号	单位	数量	单价	金额	税率	税额
*交通运输服务*运输费		kg. km	900	1.00	900.00	9%	81.00
合　　计					¥900.00		¥81.00
价税合计（大写）	⊗玖佰捌拾壹元整				（小写）¥981.00		

销售方	名　　称：韵达快运有限公司 纳税人识别号：91110101213000002B 地址、电话：北京市略泓路301号66444744 开户行及账号：交通银行北京东城分行92234895634175	备注	校验码 52118 02817 08248 65199

收款人：　　复核：吴娟　　开票人：马玉　　销售方：（章）

第三联：发票联　购买方记账凭记

韵达快运有限公司 91110101213000002B 发票专用章

业务 22：12 月 22 日，购买材料，分摊运费，材料验收入库，货款及运费暂欠。

22－1

教学专用

购 销 合 同

合同编号　23507084

购货单位（甲方）：北京宏达食品有限公司

供货单位（乙方）：北京明达有限公司

根据《中华人民共和国合同法》及国家相关法律、法规之规定，甲乙双方本着平等互利的原则，就甲方购买乙方货物一事达成以下协议。

一、货物的名称、数量及价格：

货物名称	规格型号	单位	数量	单价	金额	税率	价税合计
纯可可脂		kg	300	54.00	16,200.00	13%	18,306.00
奶油		kg	300	65.00	19,500.00	13%	22,035.00
合计（大写）肆万零叁佰肆拾壹元整							40,341.00

二、交货方式和费用承担：交货方式：购货方自行提货，交货时间：2019年12月22日前，交货地点：北京市马连道中里16号，运费由购货方承担。

三、付款时间与付款方式：2020年01月22日，货款暂欠。

四、质量异议期：订货方对供货方的货物质量有异议时，应在收到货物后____内提出，逾期视为货物量合格。

五、未尽事宜经双方协商可补充协议，与本合同具有同等效力。

六、本合同自双方签字、盖章日起生效；本合同壹式贰份，甲乙双方各执壹份。

甲方（签章）：北京宏达食品有限公司（印章）

授权代表：苏宏达

地　　址：马连道中里16号

电　　话：010-66206533

日　　期：2019 年 12 月 22 日

乙方（签章）：北京明达有限公司（印章）

授权代表：朱笑玮

地　　址：北京市奥丰路100号

电　　话：94779699

日　　期：2019 年 12 月 22 日

22－2

110015114

北京增值税专用发票

发票联

№ 6693465　110015114　6693465

机器编号：982888812388　　开票日期：2019年12月22日

购买方	名　　称：北京宏达食品有限公司 纳税人识别号：911101020653628966 地址、电话：马连道中里16号010-66206533 开户行及账号：交通银行北京西城支行110002045290193842486	密码区	172312-4-275 <1+46*54* 82*59* 181321> <8182*59*09618153 </ <4 <3*2702-9> 9*+153 </0 >2-3 *08/4> *> >2-3*0/9/> >25-275 <1

货物或应税劳务、服务名称	规格型号	单位	数量	单价	金额	税率	税额
*巧克力*纯可可脂		kg	300	54.00	16,200.00	13%	2,106.00
*食用植物油脂*奶油		kg	300	65.00	19,500.00	13%	2,535.00
合　　计					¥35,700.00		¥4,641.00
价税合计（大写）	⊗肆万零叁佰肆拾壹元整				(小写)¥40,341.00		

销售方	名　　称：北京明达有限公司 纳税人识别号：911101012130967453 地址、电话：北京市奥丰路100号94779699 开户行及账号：交通银行北京东城分行92234899556035	备注	校验码 52118 02817 08248 65199

收款人：　　复核：林以修　　开票人：朱笑玮　　销售方：（章）

税总函［2016］××号××××公司

第三联：发票联　购买方记账凭记

教学专用

22－3

110015114

北京增值税专用发票

发票联

№ 6182045　110015114
6182045

机器编号：982888812388　　　开票日期：2019年12月22日

教学专用

购买方	名　　称：北京宏达食品有限公司 纳税人识别号：911101020653628966 地址、电话：马连道中里16号010-66206533 开户行及账号：交通银行北京西城支行110002045290193842486			密码区	172312-4-275 <1+46*54* 82*59* 181321> <8182*59*09618153 </ <4 <3*2702-9> 9*+153 </0 > 2-3 *08/4> *> > 2-3*0/9/> > 25-275 <1		
货物或应税劳务、服务名称	规格型号	单位	数量	单价	金额	税率	税额
*交通运输服务*运输费		kg. km	600	1.00	600.00	9%	54.00
合　　计					¥600.00		¥54.00
价税合计（大写）	⊗陆佰伍拾肆元整				（小写）¥654.00		
销售方	名　　称：韵达快运有限公司 纳税人识别号：91110101213000002B 地址、电话：北京市略泓路301号66444744 开户行及账号：交通银行北京东城分行92234895634175			备注	校验码 52118 02817 08248 65199		

收款人：　　　复核：吴娟　　　开票人：马玉　　　销售方：（章）

税总函[2016]××号××××公司

第三联：发票联　购买方记账凭证

22－4

入 库 单

No. 1661318

教学专用

供货单位：北京明达有限公司　　2019 年 12 月 22 日

编号	品名	规格	单位	数量	单位	金额	备注
0101	纯可可脂		kg				含运费
0102	奶油		kg				含运费
合计							

仓库主管：赵仓宝　记账：陈天财　保管：魏小波　经手人：魏小波　制单：魏小波

业务 23：12 月 23 日，支付电话费和网络服务费。

23－1

教学专用

110015114

北京增值税专用发票

发票联

№ 9036674　110015114　9036674

机器编号：982888812388　　开票日期：2019年12月23日

税总函〔2016〕××号××××公司

购买方		密码区	
名　　称：北京宏达食品有限公司		172312-4-275 <1+46*54* 82*59* 181321> <8182*59*09618153 </ <4 <3*2702-9> 9*+153 </0 >2-3 *08/4> *> >2-3*0/9/> >25-275 <1	
纳税人识别号：911101020653628966			
地址、电话：马连道中里16号010-66206533			
开户行及账号：交通银行北京西城支行110002045290193842486			

货物或应税劳务、服务名称	规格型号	单位	数量	单价	金额	税率	税额
*电信服务*基础电信服务费		月	1	500.00	500.00	9%	45.00
合　　计					¥500.00		¥45.00
价税合计（大写）	⊗ 伍佰肆拾伍元整				（小写）¥545.00		

销售方	备注
名　　称：中国电信股份有限公司北京分公司	校验码 52118 02817 08248 65199
纳税人识别号：91110105M619049710	
地址、电话：北京市鸿盈路833号67063556	
开户行及账号：工商银行北京市成日路支行	

收款人：　　复核：周婵　　开票人：赵微松　　销售方：（章）

第三联：发票联　购买方记账凭证

23－2

税总函［2016］××号××××公司

110015114

北京增值税专用发票

发票联

№ 6959837　110015114 6959837

教学专用

机器编号：982888812388　　开票日期：2019年12月23日

购买方	名　　称：北京宏达食品有限公司 纳税人识别号：911101020653628966 地址、电话：马连道中里16号010-66206533 开户行及账号：交通银行北京西城支行110002045290193842486			密码区	172312-4-275 <1+46*54* 82*59* 181321> <8182*59*09618153 </ <4 <3*2702-9> 9*+153 </0 >2-3 *08/4> *> >2-3*0/9/> >25-275 <1		
货物或应税劳务、服务名称	规格型号	单位	数量	单价	金额	税率	税额
*电信服务*增值电信服务		月	1	300.00	300.00	6%	18.00
合　　计					¥300.00		¥18.00
价税合计（大写）	⊗叁佰壹拾捌元整				（小写）¥318.00		
销售方	名　　称：中国电信股份有限公司北京分公司 纳税人识别号：91110105M619049710 地址、电话：北京市鸿盈路833号67063556 开户行及账号：工商银行北京市成日路支行			备注	校验码 52118 02817 08248 65199		

收款人：　　复核：周婵　　开票人：赵微松　　销售方：（章）

第三联：发票联　购买方记账凭记

23－3

教学专用

同城委托收款凭证（付款通知）

特约

委收号码：77674777

委托日期：2019 年 12 月 23 日　　　　第　　号

付款人	全称	北京宏达食品有限公司	收款人	全称	中国电信股份有限公司北京分公司
	账号	110002045290193842486		账号	87264528632866637262
	开户银行	交通银行北京西城支行		开户银行	工商银行北京市成日路支行
金额	人民币（大写）	捌佰陆拾叁元整		千百十万千百十元角分	¥86300
款项内容	电话费及网络费	委托收款凭据名称	合同20190217	附寄单证张数	
备注：			收款人开户行盖章 2019 年 12 月 23 日		

工商银行北京市成日路支行 2019.12.23 转讫

此联付款人开户银行给付款人按时付款的通知

业务 24：12 月 24 日，支付员工借款（预借差旅费）。

24－1

教学专用

借　支　单

2019 年 12 月 24 日　　　　部门：销售部

借支人姓名	刘消杰			职　务	销售部经理		
借支事由	差旅费　现金付讫						
人民币（大写）	肆仟元整				￥ 4,000.00		
核准	张宏明	会计	陈天财	出纳	王晓娜	借支人	刘肖杰

业务 25：12 月 25 日，偿还短期借款。

25－1

交通银行北京西城支行　（贷款）还款记录单

教学专用

还款日期：2019 年 12 月 25 日

借款人名	北京宏达食品有限公司	原借款凭证	银行编号	022146002130
			借款金额	10 万元
放款户账号	110002045290193842486		借款日期	2019年06月01日
结算户账号	23365281183735189 37		约定还款日期	2019 年 12 月 25 日
本次为第 1 次还款，还款金额为 10 万元，该笔借款尚欠 0 万元。				
还款人（盖章） 北京宏达食品有限公司 财务专用章			银行信贷部门（盖章） 交通银行 北京西城支行 2019.12.25 业务专用章	

第一联 退还借款人

业务 26：12 月 26 日，支付第 4 季度短期借款利息。

26－1

教学专用

交通银行 (贷款)利息转账专用传票

2019 年 12 月 26 日 字第 232716 号

收入利息单位	名称	交通银行北京西城支行	支付利息单位	名称	北京宏达食品有限公司										
	账号	10200040		账号	110002045290193842486										
利息金额	人民币（大写）	壹仟伍佰元整		亿	千	百	十	万	千	百	十	元	角	分	
								¥	1	5	0	0	0	0	
计息存/贷户账号		110002045290193842486	上列利息金额已如数从你单位结算账户支付。												
计算利息		2019 年 08 月 26 日起													
起讫时间		2019 年 12 月 25 日止													
计息基数：		¥100,000.00 利率（年）：6%													
备注：			开户银行盖章												

交通银行北京西城支行 2019.12.26 转讫

第一联 存款利息付款通知联

单位主管： 会计： 复核： 制单：

业务 27：12 月 27 日，支付财务人员培训费。

27－1

税总函［2016］××号××××公司

110015114

北京增值税专用发票

发票联

№ 8763410　110015114　8763410

教学专用

机器编号：982888812388　　开票日期：2019年12月27日

购买方	名　　称：北京宏达食品有限公司 纳税人识别号：911101020653628966 地址、电话：马连道中里16号010-66206533 开户行及账号：交通银行北京西城支行110002045290193842486			密码区	172312-4-275 <1+46*54* 82*59* 181321> <8182*59*09618153 </ <4 <3*2702-9> 9*+153 </0 >2-3 *08/4> *> >2-3*0/9/> >25-275 <1		
货物或应税劳务、服务名称	规格型号	单位	数量	单价	金额	税率	税额
*非学历教育服务*培训费		人	3	300.00	900.00	6%	54.00
合　　计					¥900.00		¥54.00
价税合计（大写）	⊗ 玖佰伍拾肆元整				（小写）¥954.00		
销售方	名　　称：北京百企慧企业管理咨询有限公司 纳税人识别号：91110108M111227006 地址、电话：北京市瑞为路325号16280486 开户行及账号：工商银行北京市恒驰路支行			备注	校验码 52118 02817 08243 65199		

收款人：　　复核：罗文　　开票人：何英　　销售方：（章）

第三联：发票联　购买方记账凭证

27－2

交通银行 网上银行电子回单

教学专用

电子回单号码：99508731905

付款人	户名	北京宏达食品有限公司	收款人	户名	北京百企慧企业管理咨询有限公司
	账号	110002045290193842486		账号	3748244826464431052
	开户银行	交通银行北京西城支行		开户银行	工商银行北京市恒驰路支行
金额		人民币（大写）：玖佰伍拾肆元整			¥954.00 元
摘要			业务种类		
用途		培训费			
交易流水号		52598098431990	时间戳		2019-12-27
		备注： 验证码：47532124			

记账网点	899	记账柜员	739	记账日期	2019年12月27日

打印日期：2019年12月27日

交通银行 校 电子回单 专用章

业务 28：12 月 28 日，网银支付员工餐费。

28－1

税总函〔2018〕××号××××公司

01100190010

北京增值税普通发票

发票联

№ 0144898

01100190010
0144898

开票日期：2019年08月28日

教学专用

购买方	名　　称：北京宏达食品有限公司 纳税人识别号：911101020653628966 地 址、电 话：马连道中里16号010-66206533 开户行及账号：交通银行北京西城支行110002045290193842486	密码区	172312-4-275 <1+46*54* 82*59* 181321> <8182*59*09618153 </ <4 <3*2702-9> 9*+153 </0 >2-3 *08/4> *> >2-3*0/9/> >25-275 <1

货物或应税劳务、服务名称	规格型号	单位	数 量	单 价	金　额	税率	税　额
*餐饮服务*餐费		次	1	20,000.00	20,000.00	6%	1,200.00
合　　计					¥20,000.00		¥1,200.00
价税合计（大写）	⊗贰万壹仟贰佰元整				（小写）¥21,200.00		

销售方	名　　称：北京味正餐饮服务有限公司 纳税人识别号：91110102M549179551 地 址、电 话：北京市晟林路236号50075630 开户行及账号：工商银行北京市雅丹路支行	备注	

收款人：　　复核：黄微松　　开票人：罗秀　　销售方：（章）

（印章：北京味正餐饮服务有限公司 91110102M549179551 发票专用章）

第三联：发票联　购买方记账凭记

28 – 2

交通银行 网上银行电子回单

教学专用

电子回单号码：90089849082

付款人	户　名	北京宏达食品有限公司	收款人	户　名	北京味正餐饮服务有限公司
	账　号	110002045290193842486		账　号	6578477863119595260
	开户银行	交通银行北京西城支行		开户银行	工商银行北京市雅丹路支行
金　额		人民币（大写）：贰万壹仟贰佰元整　¥21,200.00 元			
摘　要			业务种类		
用　途		员工餐费			
交易流水号		32309020778660	时间戳		2019-12-28
		备注： 验证码：80201136			
记账网点	225	记账柜员	176	记账日期	2019年12月28日

交通银行 电子回单 专用章

打印日期：2019年12月28日

业务 29：12 月 29 日，销售产品，收到商业汇票。

29－1

教学专用

购 销 合 同

合同编号 02509334

购货单位（甲方）：北京鑫旭贸易有限公司

供货单位（乙方）：北京宏达食品有限公司

根据《中华人民共和国合同法》及国家相关法律、法规之规定，甲乙双方本着平等互利的原则，就甲方购买乙方货物一事达成以下协议。

一、货物的名称、数量及价格：

货物名称	规格型号	单位	数量	单价	金额	税率	价税合计
万醇巧克力		盒	4000	200.00	800,000.00	13%	904,000.00
奇幻饼干		盒	8000	100.00	800,000.00	13%	904,000.00
合计（大写）壹佰捌拾万捌仟元整							1,808,000.00

二、交货方式和费用承担：交货方式：购货方自行提货＿＿＿＿，交货时间：2019年12月29日＿＿前，交货地点：马连道中里16号＿＿＿，运费由＿购货方＿承担。

三、付款时间与付款方式：银行承兑汇票＿＿＿＿＿＿＿＿。

四、质量异议期：订货方对供货方的货物质量有异议时，应在收到货物后＿＿＿＿内提出，逾期视为货物量合格。

五、未尽事宜经双方协商可补充协议，与本合同具有同等效力。

六、本合同自双方签字、盖章日起生效，本合同壹式贰份，甲乙双方各执壹份。

甲方（签章）：	乙方（签章）：
授权代表：黄微松	授权代表：苏宏达
地址：北京市鸿馨路878号	地址：马连道中里16号
电话：14276773	电话：010-66206533
日期：2019 年 12 月 29 日	日期：2019 年 12 月 29 日

29－2

教学专用

110015114

北京增值税专用发票

此联不作报销、扣税凭证使用

№ 7904195　110015114　7904195

机器编号：982888812388　　开票日期：2019年12月29日

税总函[2016]××号××××公司

购买方	名　　称：北京鑫旭贸易有限公司 纳税人识别号：915085311309463668 地址、电话：北京市鸿馨路878号14276773 开户行及账号：交通银行北京市锐平路支行13560642530421				密码区	172312-4-275 <1+46*54* 82*59* 181321> <8182*59*09618153 </ <4 <3*2702-9> 9*+153 </0 >2-3 *08/4> *> >2-3*0/9/> >25-275 <1	
货物或应税劳务、服务名称	规格型号	单位	数量	单价	金额	税率	税额
*巧克力*万醇巧克力		盒	4000	200.00	800,000.00	13%	104,000.00
*饼干*奇幻饼干		盒	8000	100.00	800,000.00	13%	104,000.00
合　　计					¥1,600,000.00		¥208,000.00
价税合计（大写）	⊗壹佰捌拾万捌仟元整				（小写）¥1,808,000.00		
销售方	名　　称：北京宏达食品有限公司 纳税人识别号：911101020653628966 地址、电话：马连道中里16号010-66206533 开户行及账号：交通银行北京西城支行110002045290193842486				备注	校验码 52118 02817 08248 65199	

收款人：　　复核：陈天财　　开票人：王晓娜　　销售方：（章）

第一联：记账联 销售方记账凭记

29－3

交通银行 银行承兑汇票 2

30101150
03814189

教学专用

出票日期（大写） 贰零壹玖 年 壹拾贰 月 贰拾玖 日

出票人全称	北京鑫旭贸易有限公司	收款人	全称	北京宏达食品有限公司
出票人账号	13560642530421		账号	110002045290193842486
付款行全称	交通银行北京市锐平路支行		开户银行	交通银行北京西城支行

出票金额	人民币（大写） 壹佰捌拾万捌仟元整	亿	千	百	十	万	千	百	十	元	角	分
			¥	1	8	0	8	0	0	0	0	0

汇票到期日（大写）	贰零贰零年零贰月贰拾玖日	付款行	行号	116790791798
承兑协议编号	88859105		地址	北京市鸿馨路878号

本汇票请你行承兑，到期无条件付款。

北京鑫旭贸易有限公司 财务专用章

黄松 印徽

出票人签章

本汇票已经承兑，到期日由本行付款。

交通银行股份有限公司 汇票专用章

承兑行签章

承兑日期 2019 年 12 月 29 日

备注：

密押

复核 记账

此联收款人开户行随托收凭证寄付款行作借方凭证附件

业务 30：12 月 30 日，支付账户维护费。

30 －1

教学专用

交通银行 付款通知书

日期：2019 年 12 月 30 日

机构号：846043　　交易代码：898825

单位名称：北京宏达食品有限公司			
账号：110002045290193842486			
摘要 账户维护费200.00元		金额合计	¥200.00
金额合计（大写）	贰佰元整		

第二联 回单

交通银行北京西城支行
2019.12.30
转讫

注：此付款通知书加盖我行业务公章方有效。

流水号：748265109580　　经办：吴小莫

项目三

期末处理

一、实训任务与要求

任务 3.1　期末业务处理。

完成期末计提、分配和结转相关业务处理。包括工资分配、计提福利费、计提固定资产折旧、分配制造费用、计算完工产品成本、结转已销产品成本、计算增值税、计算城建税和教育费附加、计算应交所得税，期间损益结转、利润分配等。

PPT：期末处理

任务 3.2　月末对账与结账。

账账核对要求：月末在总账试算平衡的基础上，进行总账、明细账、日记账的余额核对；如果核对不符，检查明细账、日记账是否存在记账、计算错误，按规定方法更正。

月末结账要求：现金、银行存款日记账、损益类各明细账户、应交增值税明细账、总账各账户，要求办理“本月合计”，其他账户可以直接办理划线结账手续；对于本月没有发生业务的账户，不用办理划线手续；

年末结账后办理“结转下年”的要求：对资产、负债、所有者权益类账户年末有余额的，在办理年末结账手续后，要求办理结转下年；余额为零的，不用办理。

任务 3.3　在云财务平台中完成期末业务处理，完成月末对账和结账。

操作动画：结账

二、期末业务摘要

表3－1　　期末业务摘要

业务日期	业务摘要	业务单据
12月31日	1. 分配工资	工资分配表（如表3－2所示）
	2. 计提福利费	职工福利费分配表（如表3－3所示）
	3. 计提固定资产折旧	固定资产折旧分配表（如表3－4所示）
	4. 领用原材料费用分配	原材料领用分配表（如表3－5所示）
	5. 分配制造费用	制造费用分配表（如表3－6所示）
	6. 计算完工产品成本	完工产品成本计算单（如表3－7所示）
	7. 结转已销产品成本	产品销售成本计算表（如表3－8所示）
	8. 计算本月应交增值税	应交增值税计算表（如表3－9所示）
	9. 计算本月应交城建税、教育费附加、地方教育费附加	税金及附加计算表（如表3－10所示）
	10. 期间损益结转	损益类账户余额表（如表3－11所示）
	11. 计算并结转第4季度应交企业所得税，	应交企业所得税计算表（如表3－12所示）
	12. 利润分配	利润分配计算表（如表3－13所示）
	13. 本年利润、利润分配明细账户余额结转“利润分配——未分配利润”	本年利润、利润分配明细账户余额表（如表3－14所示）

表 3 – 2

工资分配表

2019 年 12 月 31 日

单位：元

部门	分配计入项目					合计
	生产成本 – 万醇巧克力	生产成本 – 奇幻饼干	制造费用	管理费用	销售费用	
行政部				13000.00		13000.00
财务部				12000.00		12000.00
销售部					23000.00	23000.00
采购部				13000.00		13000.00
仓管部				12000.00		12000.00
生产部—一车间	12000.00					12000.00
生产部—二车间		10000.00				10000.00
生产部—车间管理			3000.00			3000.00
合　计	12000.00	10000.00	3000.00	50000.00	23000.00	98000.00

总经理：苏宏达　　财务主管：张宏明　　制表：陈天财

表 3 – 3

职工福利费分配表

2019 年 12 月 31 日

单位：元

部门	工资	比例	分配计入项目					合计
			生产成本—万醇巧克力	生产成本—奇幻饼干	制造费用	管理费用	销售费用	
行政部	13000.00	14%				1820.00		1820.00
财务部	12000.00	14%				1680.00		1680.00
销售部	23000.00	14%					3220.00	3220.00
采购部	13000.00	14%				1820.00		1820.00
仓管部	12000.00	14%				1680.00		1680.00
生产部—一车间	12000.00	14%	1680.00					1680.00
生产部—二车间	10000.00	14%		1400.00				1400.00
生产部—车间管理	3000.00	14%			420.00			420.00
合计	98000.00		1680.00	1400.00	420.00	7000.00	3220.00	13720.00

总经理：苏宏达　　财务主管：张宏明　　制表：陈天财

表 3－4

固定资产折旧分配表

2019 年 12 月 31 日

固定资产使用部门	制造费用	管理费用	销售费用
生产车间	16000.00		
管理部门		11000.00	
销售部门			3000.00
合　计	16000.00	11000.00	3000.00

总经理：苏宏达　　财务主管：张宏明　　制表：陈天财

表 3－5

原材料领用分配表

2019 年 12 月 31 日

费用项目	纯可可脂		奶油		鸡蛋		面粉		合计
	领用量	金额	领用量	金额	领用量	金额	领用量	金额	
生产成本—万醇巧克力	3000		5000						
生产成本—奇幻饼干			2000		16000		10000		
制造费用					1000				
总计	3000		7000		17000		10000		

审核：张宏明　　制表：陈天财

备注：计算过程加权平均单价保留 5 位小数，金额保留 2 位小数

表 3－6

制造费用分配表

2019 年 12 月 31 日

生产成本	应付工资	比例（保留 5 位小数）	制造费用（保留 2 位小数）	备注
生产成本—万醇巧克力	12000.00			按生产工人工资比例分配
生产成本—奇幻饼干	10000.00			
合　计	22000.00			

审核：张宏明　　　　制表：陈天财

表 3－7

完工产品成本计算单

2019 年 12 月 31 日

产品	完工数量	生产成本合计	单位成本	备注
生产成本—万醇巧克力	5000			没有期初在产品，本期投产全部完工
生产成本—奇幻饼干	6000			

审核：张宏明　　　　制表：陈天财

表 3－8

产品销售成本计算表

2019 年 12 月 31 日

产品	期初结存		本期入库		本期销售			备注
	数量	金额	数量	金额	数量	单价（保留 5 位小数）	金额	
万醇巧克力								月末一次加权平均法计算
奇幻饼干								

教学专用

表 3－9

应交增值税计算表

2019 年 12 月 31 日

单位：元

项目	进项税额	销项税额	进项税额转出	本月应交增值税
金额				

审核：张宏明　　制表：陈天财

教学专用

表 3－10

税金及附加计算表

2019 年 12 月 31 日

单位：元

项　目	计提基数			计提比例	计提金额
	增值税	消费税	合计		
城市维护建设税					
教育费附加					
地方教育费附加					

审核：张宏明　　制表：陈天财

表 3－11

损益类账户余额表

2019 年 12 月

收入类账户			支出类账户		
账户名称（具体到明细）	方向	余额	账户名称（具体到明细）	方向	余额
合　计			合　计		

审核：张宏明　　　　制表：陈天财

教学专用

表 3 – 12

应交所得税计算表

2019 年 12 月 31 日

单位：元

项目	本期利润总额	所得税率	本期应交所得税
金额			

审核：张宏明　　　　制表：陈天财

备注：2019 年 9 月份利润总额 415000 元，10 月份利润总额 307300 元。

表 3 – 13

利润分配计算表

2019 年 12 月 31 日

分配项目	本年净利润	提取率%	提取额
提取法定盈余公积			
应付利润			
合计			

审核：　　　　制表：

表 3 – 14

本年利润、利润分配明细账户余额表

2019 年 12 月 31 日

账户名称		余额
本年利润		
利润分配	提取法定盈余公积	
	应付利润	

项目四

会计报表编制

一、实训任务与要求

任务 4.1　编制资产负债表。

任务 4.2　编制利润表。

编制会计报表要求：

1. 月末，在账账核对相符、账实核对相符（财产清查略）的基础上，根据账簿记录的结果编制会计报表。
2. 按照各张报表的编制要求，保证数据来源可靠，内容完整，计算准确。
3. 一律使用蓝色（或黑色）中性笔或钢笔编制，不允许使用铅笔。

PPT：会计报表编制

二、上月资产负债表（如表 4－1 所示）

表 4－1　　**资产负债表**　　会企 01 表

编制单位：北京宏达食品有限公司　　2019 年 11 月 30 日　　单位：元

资产	期末余额	年初余额	负债及所有者权益（或股东权益）	期末余额	年初余额
流动资产：			流动负债：		
货币资金	5,731,250.00	4,585,000.00	短期借款	100,000.00	80,000.00
交易性金融资产	320,000.00	256,000.00	交易性金融负债		
衍生金融资产			衍生金融负债		

续表

资产	期末余额	年初余额	负债及所有者权益（或股东权益）	期末余额	年初余额
应收票据	120,000.00	100,000.00	应付票据	300,000.00	200,000.00
应收账款	180,000.00	140,000.00	应付账款	85,100.00	108,080.00
应收款项融资			预收款项		
预付款项			合同负债		
其他应收款	5,000.00	4,000.00	应付职工薪酬	95,300.00	76,240.00
存货	3,081,000.00	2,464,800.00	应交税费	104,700.00	83,760.00
合同资产			其他应付款	10,000.00	8,000.00
持有待售资产			持有待售负债		
一年内到期的非流动资产			一年内到期的非流动负债		
其他流动资产			其他流动负债		
流动资产合计	9,437,250.00	7,549,800.00	流动负债合计	695,100.00	556,080.00
非流动资产：			非流动负债：		
债权投资			长期借款	1,921,000.00	1,536,800.00
其他债权投资			应付债券		
长期应收款			租赁负债		
长期股权投资			长期应付款		
其他权益工具投资			预计负债		
其他非流动金融资产			递延收益		
投资性房地产			递延所得税负债		
固定资产	5,488,000.00	4,390,400.00	其他非流动负债		
在建工程			非流动负债合计	1,921,000.00	1,536,800.00
生产性生物资产			负债合计	2,616,100.00	2,092,880.00
油气资产			所有者权益（或股东权益）：		
使用权资产			实收资本（或股本）	10,000,000.00	8,000,000.00

续表

资产	期末余额	年初余额	负债及所有者权益（或股东权益）	期末余额	年初余额
无形资产	300, 000. 00	240, 000. 00	其他权益工具		
开发支出			资本公积	100, 000. 00	80, 000. 00
商誉			减：库存股		
长期待摊费用			其他综合收益		
递延所得税资产			专项储备		
其他非流动资产			盈余公积	144, 000. 00	115, 200. 00
非流动资产合计	5, 788, 000. 00	4, 630, 400. 00	未分配利润	2, 365, 150. 00	1, 892, 120. 00
			所有者权益（或股东权益）合计	12, 609, 150. 00	10, 087, 320. 00
资产总计	15, 225, 250. 00	12, 180, 200. 00	负债和所有者权益（或股东权益）总计	15, 225, 250. 00	12, 180, 200. 00

三、上月利润表（如表 4－2 所示）

表 4－2

利　润　表

会企 02 表

编制单位：　　　　年　　月　　　　单位：元

项　　目	本期金额	上期金额
一、营业收入	2, 508, 000. 00	2, 280, 000. 00
减：营业成本	1, 782, 000. 00	1, 620, 000. 00
税金及附加	9, 900. 00	9, 000. 00
销售费用	192, 500. 00	175, 000. 00
管理费用	200, 530. 00	182, 300. 00
研发费用		
财务费用	22, 000. 00	20, 000. 00
其中：利息费用		
利息收入		

续表

项　　目	本期金额	上期金额
加：其他收益		
投资收益（损失以“-”号填列）	88,000.00	80,000.00
公允价值变动收益（损失以“-”号填列）		
信用减值损失（损失以“-”号填列）		
资产减值损失（损失以“-”号填列）		
资产处置收益（损失以“-”号填列）		
二、营业利润（亏损以“-”号填列）	389,070.00	353,700.00
加：营业外收入	550.00	500.00
减：营业外支出	13,200.00	12,000.00
三、利润总额（亏损总额以“-”号填列）	376,420.00	342,200.00
减：所得税费用	125,053.50	113,685.00
四、净利润（净亏损以“-”号填列）	251,366.50	228,515.00
（一）持续经营净利润（净亏损以“-”号填列）		
（二）终止经营净利润（净亏损以“-”号填列）		
五、其他综合收益的税后净额		
（一）不能重分类进损益的其他综合收益		
（二）将重分类进损益的其他综合收益		
六、综合收益总额		
七、每股收益		

项目五

会计档案整理与归档

一、实训任务与要求

任务 5.1　装订凭证

将记账凭证及所附原始凭证按排列顺序粘贴，加封面装订成册。

任务 5.2　装订账簿及报表

将所有明细账簿按顺序编页码，空白账页抽出，加封面装订成册。
将总账、现金、银行存款日记账按顺序排列，加封面装订成册（三合一）。
将试算平衡表、财务报表分别装订。

任务 5.3　会计档案归档

对上述所有资料分类装入专用档案袋（盒）上交。

PPT：会计档案整理与归档

操作动画：装订会计凭证

二、账证表及相关材料

可供使用的记账凭证、记账凭证汇总表、试算平衡表、资产负债表、利润表、记账凭证封面、账簿封面、档案袋（盒）。

1. 记账凭证共 60 张，记账凭证封面共 3 份。
2. 试算平衡表共 4 张。
3. 总账 50 张，三栏式明细账 50 张，数量金额式明细账 10 张，多借一贷多栏式明细账 5 张，多借多贷多栏式明细账（应交增值税明细账）2 张，现金日记账3张，银行存款日记账5张。

4. 账簿封面：包括总账封面、现金日记账封面、银行存款日记账封面、明细账封面各一套。

5. 资产负债表、利润表各2份。

6. 档案袋（盒）1个，将实训后账证表整理归档。